TERRAS PAULISTAS

JUSTIÇA E CIDADANIA

imprensaoficial

TERRAS PAULISTAS

JUSTIÇA E CIDADANIA

GUSTAVO UNGARO

COLETÂNEA DE ARTIGOS SOBRE DIREITOS HUMANOS APLICADOS ÀS POLÍTICAS AGRÁRIAS E FUNDIÁRIAS: ASSENTAMENTOS RURAIS, COMUNIDADES QUILOMBOLAS, REGULARIZAÇÃO FUNDIÁRIA, ACESSO À TERRA, PROMOÇÃO DA CIDADANIA, DESENVOLVIMENTO SUSTENTÁVEL E JUSTIÇA SOCIAL

Esta singela publicação é uma homenagem a todos que se dedicaram e atuam, com boa-fé e espírito público, a favor da democracia, da liberdade, da igualdade, do desenvolvimento com justiça e da busca da efetividade dos direitos humanos, nos campos e nas cidades.

Aos trabalhadores rurais assentados, em especial a Maria Nazaré Silva Montemor, José Lemes e Marcelo Santos;

Aos descendentes dos quilombolas, em especial a Benedito Alves da Silva, Gilmar Marinho, Antonio Jorge, André Moraes e Edivina Tié;

Aos servidores públicos do Itesp, em especial a Alexandre Mustafa, Gabriel Veiga, Marco Pilla, João Corsini, Lydia Hirao, Carlos Henrique, Ignez Maricondi, Marco Silva, Jonas Campos, Claudemir Peres, Benedito Matielo, Antonio Garcia, Túlio Vanalli, Renato Lisboa, Antonio Bertocco, Carlos José, José Andrion, Dodora Teixeira e Maria Luiza Calixto Rios;

Aos secretários da Justiça e da Defesa da Cidadania, em especial a José Carlos Dias, Belisário dos Santos Jr., Edson Luiz Vismona, Luiz Antonio Guimarães Marrey e Ricardo Dias Leme;

Aos representantes eleitos do povo paulista, em especial a Fernando Henrique Cardoso, Geraldo Alckmin, José Serra e Alberto Goldman;

Em memória de Franco Montoro e Mario Covas.

Março de 2011.

apresentação

Em um dos artigos, reunidos neste livro, Gustavo Ungaro afirma que "o primeiro passo a mudar uma realidade injusta é conhecê-la". Assim sendo, é fácil constatar que este livro já surge como uma bem-vinda ferramenta para que São Paulo possa continuar dando passos decisivos para a superação das injustiças sociais, em particular daquelas relacionadas às questões fundiárias.

Com relatos objetivos, consistentes estudos jurídicos e até uma poesia singela, dedicada à "mulher da terra, senhora do campo, mãe da vida", os artigos aqui reunidos formam um documento esclarecedor para a compreensão da realidade rural paulista e dos caminhos a serem tomados para que possamos transformá-la.

Nas terras de São Paulo, inclusão digital, ensino técnico e tecnológico, regularização fundiária e agroecologia são apenas alguns dos temas apresentados como meios para substituirmos a realidade de bóias-frias, sem-terras e trabalhadores informais por outra, de agricultores autônomos, empreendedores rurais, comunidades quilombolas estruturadas, dignidade e cidadania.

Jovem liderança na luta pelos direitos humanos, Gustavo Ungaro combina, de forma exemplar, sensibilidade e capacidade de gestão. Sua atuação junto a diversas instâncias governamentais e entidades da sociedade civil é o melhor testemunho das suas qualidades. Poucos homens públicos, em nosso país, poderiam reunir análises tão completas sobre desenvolvimento, cidadania e direitos humanos, nos campos paulistas, oferecendo não apenas perguntas, mas também respostas. E esse é apenas mais um dos bons serviços que o atual titular da Corregedoria Geral da Administração do Estado tem prestado ao Brasil e a São Paulo.

Geraldo Alckmin
Governador do Estado de São Paulo

sumário

artigos

Oeste paulista, cidadania e desenvolvimento 13
Agroecologia nos assentamentos do Pontal 17
Direito à cidade 19
Direito agrário 21
Terras devolutas do Pontal, patrimônio do povo paulista 23
Terra santa 27
Tráfico de pessoas, ainda hoje 31
10 anos de Fundação Itesp 33
Mulheres da terra 35
Novos assentamentos 39
Cidade nova 41
Quilombos paulistas, justiça e cidadania 43
Japoneses assentados 55
O Itesp no Vale do Ribeira 57
Inclusão digital sem fronteiras 61
Reflorestamento e geração de renda 63
Abolição, 120 anos depois 67
Desenvolvimento e promoção da cidadania, também no Pontal 69
A ONU e a questão fundiária 71
As invasões dos sem-terra 73
Cadastro de terras e promoção da cidadania 75

Em defesa do meio ambiente 77
A reforma agrária paulista 81

discursos

Uma década cultivando sonhos 85
Ventos de esperança: reforma agrária, democracia e paz 91
A construção da cidadania: um desafio contínuo 97

imagens

Assentamentos implantados 116
Quilombolas 124

arti-
gos

Oeste paulista, cidadania e desenvolvimento

A região do triângulo ocidental formado pelos rios Paraná e Paranapanema, entre Mato Grosso do Sul e o Paraná, a apontar o centro do continente sul-americano, tem merecido destaque na agenda de programas e investimentos do Governo do Estado de São Paulo.

A forte presença da agropecuária no Pontal do Paranapanema, com espaço para os pequenos, os médios e os grandes produtores, contemplando tanto a agricultura familiar como o agronegócio, vem sendo impulsionada pelo aproveitamento de terras públicas para assentar famílias de trabalhadores rurais, que contam com assistência técnica especializada e gratuita prestada por profissionais concursados do Itesp, fundação pública vinculada à Secretaria da Justiça e da Defesa da Cidadania que também investe em infraestrutura, produção, geração de renda e capacitação. Somente nos últimos anos, novos assentamentos estaduais foram implantados em Teodoro Sampaio, Euclides da Cunha, Rosana, Presidente Venceslau, Caiuá e Mirante do Paranapanema. Centenas de famílias da região passaram a ser empreendedoras rurais em seus próprios "sítios" (cada lote em assentamento possui, em geral, mais de 15 hectares), e foram selecionadas por comissões públicas, formadas em cada município, com critérios objetivos respaldados na lei vigente desde Franco Montoro.

A internet já chegou à zona rural pelo programa Acessa SP, que propicia computadores com monitores e acesso gratuito à rede mundial eletrônica, funcionando em assentamentos de Mirante do Paranapanema e Rosana. Outros 15 centros de inclusão digital estão em preparo, em ação conjunta da Secretaria de Desenvolvimento, Itesp e Finep.

A expansão da rede pública estadual de ensino técnico e profissionalizante, com a Fatec e a Etec de Presidente Prudente e a Etec de Teodoro Sampaio, igualmente beneficia aos cidadãos do campo: foram inauguradas este ano 3 escolas técnicas do Centro Paula Souza em assentamentos de Teodoro Sampaio, Euclides da Cunha e Rosana, com cursos de agroecologia, incentivando a permanência dos jovens em suas comunidades rurais e impulsionando o desenvolvimento sustentável da agricultura familiar.

Em favor das famílias que já possuíam suas moradias, no campo ou na cidade, mas que padeciam da insegurança jurídica decorrente da falta de documentação e registro público, vem sendo realizado amplo trabalho de regularização fundiária, em parceria com os municípios, por meio do programa Minha Terra. Nos últimos anos, foram entregues pelo Itesp mais de 1,3 mil títulos de propriedade, inserindo na legalidade situações já consolidadas há décadas. Com o imóvel regular, a família dorme mais tranquila, aquisição ou melhorias podem ser financiadas, e valoriza-se o bem material que dá suporte à existência humana.

A Secretaria da Justiça e da Defesa da Cidadania atua com vigor em defesa dos direitos dos consumidores, mantendo convênios para ampla rede de Procons municipais e tendo criado, recentemente, escritório regional do Procon estadual em Presidente Prudente, o qual fortalecerá ações estratégicas e permitirá maior efetividade à proteção do cidadão em suas relações de consumo. No mesmo sentido atua o Ipem, autarquia fiscalizadora da qualidade e quantidade de produtos, que possui escritório regional responsável por diversas operações relevantes, junto a postos de combustíveis, padarias, supermercados e outros.

As famílias desta região passaram a contar com um melhor atendimento público de saúde, em virtude da criação do Hospital Regional em Presidente Prudente, do Hospital de Porto Primavera, em Rosana, e de AMEs – Ambulatório Médico de Especialidades – em Prudente, Dracena e, logo mais, em Teodoro Sampaio.

Os investimentos nas estradas vicinais são facilmente perceptíveis, pois beneficiaram mais de 900 quilômetros, ao que se somaram 300 quilômetros de estradas de terra perenizadas, além das melhorias em rodovias, pontes, trevos, recapeamentos e duplicações.

Novas escolas foram construídas, o aeroporto estadual de Presidente Prudente foi reformado e ampliado, mais moradias populares estão sendo construídas e, em breve, o Poupatempo estará facilitando a vida de todos.

Como se vê, trabalho sério e consequente melhora a vida das pessoas, favorece o desenvolvimento e promove a cidadania, em benefício de todos.

SETEMBRO 2010

VIVEIRO DE MUDAS DE ÁRVORES NATIVAS EM ÁREA COMUNITÁRIA DE ASSENTAMENTO RURAL

Agroecologia nos assentamentos do Pontal

A partir da semana que vem, uma centena de jovens assentados iniciará seus estudos e práticas no curso técnico de Agroecologia, adquirindo conhecimentos diretamente relacionados ao efetivo desenvolvimento da agricultura familiar, importante vertente de produção e geração de renda na região Oeste do Estado.

A iniciativa é fruto de forte parceria entre o Itesp, da Secretaria da Justiça e da Defesa da Cidadania, o Centro Paula Souza, da Secretaria de Desenvolvimento, e as Prefeituras de Teodoro Sampaio, Euclides da Cunha e Rosana. Pelo esforço conjunto e convergente, que contou com a participação de representantes de vários assentamentos da região, foram montadas salas de aula, laboratórios para processamento de alimentos, salas de informática, salas administrativas e outras, em 3 espaços públicos reformados pelo Itesp em áreas comunitárias de assentamentos rurais, que contarão com professores concursados, metodologia e equipamentos do Centro Paula Souza, com apoio das prefeituras no transporte e alimentação dos alunos.

Foram selecionados e estão matriculados alunos que concluíram ou estão em conclusão do ensino médio, os quais poderão obter, em 3 semestres, certificação profissionalizante de nível técnico com a qualidade e a gratuidade que caracterizam as Etecs do Governo Paulista, aplicando novas técnicas, procedimentos e estratégias nos lotes das suas próprias famílias.

O Itesp fez, também, parceria com a Secretaria Estadual da Agricultura e Abastecimento, por meio da Apta, cedendo área comunitária em assentamento de Mirante do Paranapanema para a criação de um núcleo avançado de pesquisas aplicadas à realidade do pequeno agricultor.

Os assentamentos do Pontal, onde vivem mais de 25 mil pessoas, já contam com 2 unidades do Acessa SP, programa de inclusão digital com acesso gratuito à internet, uma em Mirante do Paranapanema e outra em Rosana, e outros 15 centros de informática estão sendo preparados pelo Itesp, em convênio com a Secretaria de Desenvolvimento e a Finep, para contemplar ainda mais famílias de produtores rurais assentados.

Educação e formação para o trabalho, aliadas à inclusão digital, tudo no próprio ambiente de vida junto à terra, podem contribuir para a melhoria da qualidade de vida no campo e propiciar condições atrativas para que o jovem assentado queira continuar vivendo em sua comunidade.

As ações concretas realizadas em favor do desenvolvimento rural sustentável pelo Governo do Estado de São Paulo, que promove novos assentamentos sem descuidar dos investimentos e assistência técnica necessários às famílias assentadas, buscam viabilizar a transformação de boias-frias em agricultores autônomos, de sem-terras em empreendedores rurais, de trabalhadores informais da roça em produtores agropecuários, explorando terras devolutas ociosas, subaproveitadas ou indevidamente ocupadas para abrir novos horizontes ao trabalho e vida no campo, com dignidade e cidadania.

AGOSTO 2010

Direito à cidade

Em tempos de urbanização, em que a maior parte da população vive de forma mais densa e supostamente organizada em locais denominados cidades, espaços físicos caracterizados pela maior intervenção humana, nos quais predominam as atividades econômicas relacionadas ao comércio, aos serviços e à indústria, acontece no Brasil o 5° Fórum Urbano Mundial, realizado pela UN-Habitat, órgão da ONU para os assentamentos humanos.

Em todo o mundo, mais da metade da população já vive nos espaços urbanos, e a tendência é crescente. No Brasil, mais de 80% da população reside em cidades, onde temas como regularização fundiária, moradia, saneamento, trânsito, poluição, emprego, desenvolvimento e outros integram a pauta prioritária do cotidiano dos cidadãos.

No principal evento internacional de urbanismo do mundo, que se realiza entre os dias 22 e 26 de março no Rio de Janeiro e que deve contar com a presença de até 20 mil participantes, o Governo do Estado de São Paulo está representado pelas Secretarias da Justiça e da Defesa da Cidadania e da Economia e Planejamento, por meio de seus entes Fundação Itesp – Instituto de Terras do Estado de São Paulo, conhecida parceira dos municípios de regiões que buscam maior desenvolvimento e qualidade de vida, e Emplasa – Empresa Paulista de Planejamento Metropolitano S.A., voltada às pujantes metrópoles paulistas, com painel temático e estande permanente abertos a todos os interessados no futuro das cidades.

A participação conjunta dos entes públicos paulistas revela a importância estratégica da atuação integrada e complementar do Estado junto às cidades e seus atores locais, com vistas a superar os problemas dos assentamentos precários e irregulares, como favelas, cortiços, bairros informais e loteamentos clandestinos, ocupações em locais de preservação ambiental e de risco, áreas públicas indevidamente exploradas, cidades inteiras sem titulação dominial (em que ninguém, nem mesmo o poder público, possui título de propriedade de seus imóveis) e outras situações contrárias a uma vida decente nas cidades.

Estes são alguns dos desafios que devem motivar os gestores públicos, os empreendedores privados, os integrantes de movimentos sociais, os profissionais de planejamento e urbanismo, e todos os que possam colaborar no processo de construção de cidades saudáveis, inclusivas, integradas, socialmente mais justas, economicamente mais equitativas, em que seus moradores ostentem o título de cidadão não como rótulo formal desprovido de conteúdo, mas efetiva decorrência do exercício pleno da cidadania.

MARÇO 2010

Direito agrário

A relação do ser humano com a terra é tão íntima e profunda que o próprio vocábulo "homem", etimologicamente, decorre de *humus*, que significa solo, terra, revelando que o termo utilizado para designar o mais complexo resultado da vontade criadora divina deriva do elemento natural que torna possível a existência física.

O direito agrário dedica-se, justamente, a esta bela simbiose, procurando tutelar e orientar as atividades produtivas humanas vinculadas ao bem naturalmente disponível, fundamental à sobrevivência das espécies, consistente nas atividades rurais que se concretizam no cultivo de vegetais e na criação de animais.

E a terra é justa: retribui com frutos ao labor e à inteligência empenhados pelo homem.

Rafael Obeid, destacado catedrático portenho, ao sintetizar a evolução histórica da relação do ser humano com a natureza, conceitua cultura como o modo pelo qual cada povo adapta a natureza aos seus propósitos, e considera a agricultura o início da civilização, do direito e da função social da propriedade. Tomar a terra caracteriza o momento político, distribuí-la é próprio do âmbito jurídico, e utilizá-la caracteriza a dimensão econômica, enfeixando-se, assim, os três aspectos decorrentes da ação humana.

O professor Ricardo Zeledon, ex-ministro da Suprema Corte da Costa Rica e atual presidente do Comitê Americano de Direito Agrário, em recente conferência no Congresso Americano de Direito Agrário, realizado na tradicional Faculdade de Direito da Universidade de Buenos Aires, ressaltou o direito agrário contemporâneo a partir de uma visão humanista e internacionalista, que analisa o fenômeno jurídico de modo interdisciplinar e interdependente, devendo ser sempre socialmente justo, economicamente viável e ambientalmente sustentável.

Daí o chamado "triplo A" do direito agrário – agricultura, ambiente e alimentação, conjugando elementos essenciais à correta compreensão deste ramo jurídico e propiciando seu pleno desenvolvimento conceitual e prático.

No século XXI, também o direito agrário passa por intensas transformações, sofrendo os impactos das múltiplas mudanças em curso: tecnológicas, produtivas, associativas, populacionais, climáticas, econômicas e políticas. Não pode ser apenas a disciplina dos recursos naturais ou da empresa agrária e está a demandar nova atitude dos juristas, para tentar corresponder à complexidade de temas e desafios contemporâneos. Deve apontar os caminhos para o melhor aproveitamento da terra, com produção de alimentos, preservação ambiental e justiça social.

NOVEMBRO 2009

Terras devolutas do Pontal, patrimônio do povo paulista

O Pontal do Paranapanema, extensa dimensão territorial no extremo oeste paulista, entre os Estados do Paraná e de Mato Grosso do Sul, foi a mais recente área desbravada e efetivamente ocupada no Estado de São Paulo, ao longo do processo de colonização e formação das cidades. Até quase o final do século XIX, a cartografia oficial classificava-o como "terrenos despovoados", desprovidos de população e de acesso público – nenhuma estrada nem ferrovia chegava ao "bico" do mapa paulista. Apenas aldeias indígenas, fauna e flora abundantes ocupavam tal território. Presidente Prudente, o município com maior população, foi fundado somente em 1917, e, na década de 1950, tantas eram as matas nativas ainda intactas naquela região que três reservas ambientais estaduais foram criadas.

Recorde-se que, do ponto de vista da titularidade territorial, as terras brasileiras inicialmente pertenceram à Coroa Portuguesa, por força do descobrimento do Brasil; com a Independência, no período imperial assume o domínio territorial o governo central, até que, com a proclamação da República, a Constituição de 1891 garantiu aos Estados da Federação a propriedade, excluídas aquelas reservadas à União – de fronteira, marítimas e outras. Originariamente, pois, a terra era pública no Brasil.

Por meio das capitanias hereditárias, cartas de doação, forais, sesmarias, decretos e leis, particulares receberam mandatos públicos para ocupar certas glebas, devendo desbravá-las, colonizá-las e explorá-las. Quando o encargo não era cumprido, as áreas volviam ao domínio público, restituídas ao seu proprietário original, o Estado.

O ordenamento jurídico brasileiro classifica como devolutas as terras públicas, aquelas áreas que não foram legitimamente apropriadas por particulares, as quais devem ser devolvidas ao Poder Público para receber a devida destinação.

Assim é a situação de certas frações territoriais no Pontal do Paranapanema, como a grande gleba chamada de Pirapó-Santo Anastácio, conhecido caso de ficção possessória abordado em sentenças judiciais, teses acadêmicas, livros de direito, geografia e história, documentários e reportagens inúmeras.

Laudo pericial produzido em processo já transitado em julgado (reconhecido inclusive pelo Supremo Tribunal Federal, no Recurso Extraordinário nº 6097), após exame grafotécnico, atestou a falsidade do registro paroquial lavrado em Itaporanga, feito em livro suplementar, datado de 1894 (40 anos após o livro original de registros, datado de 1854), em papel incompatível com a época, desprovido das formalidades de praxe – reconhecimento de firma e anotação de recolhimento do imposto – e lastreado por declaração falsa, atribuída ao então vigário daquela paróquia, o Frei Pacífico do Monte Falco, cujas letras são discrepantes das constantes no livro original.

Numerosas ações judiciais, em decisões proferidas nas três instâncias de julgamento, já confirmaram a existência de terras devolutas no Pontal, tanto que mais de 4,5 mil famílias já foram assentadas nestas áreas pelo Itesp. Em 1996, decidiu o Juiz de Direito Vito José Guglielmi, no processo nº 068/72: "Toda a cadeia dominial dos imóveis insertos no perímetro discriminando são fragmentações da Fazenda Pirapó-Santo Anastácio, de sorte que, sem valor jurídico. Em outras palavras, toda a cadeia filiatória padece de vício de nulidade absoluta, por força do princípio da continuidade dos registros". Recentemente, no Superior Tribunal de Justiça, Agravo de Instrumento nº 741.453 - SP (2006/0018752-4), o Relator, Ministro Cesar Asfor Rocha, concluiu: "Constata-se que o acórdão recorrido, a partir da análise pormenorizada da prova carreada aos autos, declarou devolutas as terras objeto da presente ação discriminatória, não reconhecendo a legitimidade dos títulos apresentados pelos recorrentes, afastando, ainda, a alegação de usucapião". Em outra ação discriminatória naquela Corte

Superior, o Ministro Herman Benjamin, cujo voto conduziu a decisão, assinalou: "Uma certidão em que a letra e a assinatura não pertencem a quem se faz supor é, para todos os fins, documento inexistente".

Pretensa novidade é apontada, agora, pelos defensores dos interesses particulares: recente laudo produzido em ação ainda não julgada, segundo o qual "não é possível afirmar se o registro paroquial datado da época do Império e assinado pelo Frei Pacífico do Monte Falco é verdadeiro ou falso". Ora, a Procuradoria Geral do Estado de São Paulo já afirmou em juízo que o laudo é inconclusivo e não se presta à finalidade almejada pela defesa dos ocupantes das terras devolutas, que o requereram. O Juiz é quem dirá se a perícia que nada conclui, demandada por parte interessada, terá alguma utilidade em sua decisão – despiciendo frisar que o registro paroquial só serviria como indício de uma eventual posse, não vincularia o Estado nem garantiria a propriedade. (Veja-se, dentre outras tantas, a decisão do Juiz de Direito João Omar Marçura, no Processo nº 1350/2000: "É assente que o Registro Paroquial não conduz à propriedade. No máximo admite-se como indício de que o declarante exercia a posse. Todavia, no caso concreto, o declarante sequer efetuou a legitimação de sua área, como determinava a Lei 601, e intitulou-se proprietário. Mesmo sem o domínio do imóvel, foi ele transferido (...). A partir daí, deflui que todos os atos registrários são nulos e não é possível o reconhecimento da validade dos títulos apresentados").

Importa que várias decisões judiciais – algumas já transitadas em julgado, outras ainda em trâmite – atestam a irregularidade e a falsidade do registro paroquial produzido no século XIX referente à gleba Pirapó-Santo Anastácio, que gerou registros anulados pelo Poder Judiciário em diversos processos.

Ainda estão em curso mais de cinquenta processos judiciais referentes às terras devolutas da região Oeste do Estado, sendo certo que a superação definitiva da renitente insegurança jurídica depende da conclusão dos feitos em tramitação, que precisam ser tratados com absoluta prioridade – consoante, aliás, recente recomendação exarada pelo Conselho Nacional de Justiça. Sob pena de a sociedade ter que aguardar por mais trinta anos para o completo deslinde da questão, como vem alertando o Secretário da Justiça e da Defesa da Cidadania, Luiz Antonio Marrey.

Desponta, pois, neste cenário, que o novo ordenamento fundiário do Pontal do Paranapanema está sendo construído com base no devido processo legal, conforme os postulados do Estado Democrático de Direito, proporcionando a arrecadação das terras devolutas para a realização de assentamentos de trabalhadores rurais, em clara contribuição à concretização da justiça social e à promoção do desenvolvimento social e econômico. O Itesp, no esforço por bem cumprir a missão atribuída ao Governo do Estado, orgulha-se por participar da construção da sociedade mais justa, fraterna e solidária apregoada pela Constituição do Brasil.

SETEMBRO 2009

Terra santa

A terra, bem essencial à vida humana, recebida originariamente como dádiva indiscriminada, foi gradativamente sendo partilhada e apropriada pelos homens segundo mutáveis critérios mundanos, chegando ao ponto de se tornar, paradoxalmente, motivo para a supressão do bem maior que deveria assegurar – em diversas regiões do globo terrestre, muitas vezes a vida é ceifada por disputas territoriais.

Em um país, como o nosso, dotado de vastidão continental, muitas são as situações que caracterizam o apossamento das distintas porções fundiárias, decorrentes do processo histórico de colonização e adensamento populacional.

No Estado de São Paulo, com quase 25 milhões de hectares, ocupados por 41 milhões de brasileiros, ainda figuram pequenas cidades que são inexistentes à luz do sistema de registros públicos: seus habitantes não detêm qualquer documento registrado que formalize a propriedade das moradias. Para o universo da formalidade, lotes, casas, chácaras e sítios, com os respectivos ocupantes, simplesmente não constam dos registros, ficando desprovidos da segurança jurídica dominial.

Em alguns casos, as terras lograram destinação divina; pesquisas realizadas nos livros de registros imobiliários, muitos dos quais eram redigidos nas sacristias das igrejas, verdadeiras precursoras dos cartórios, indicam que a titularidade de amplas áreas está assinalada como pertencentes a santos, visto que a religiosidade de seus proprietários impulsionou doações aos titulares das maiores devoções.

PREFEITUR
A PREF
direito público,
Estado de São P
Senhor JOSÉ CAR
nº2.644, de 16 d
nº2.758 de 29 de
a colaboração d
INSTITUTO DE TE
ITESP, vinculada
realização dos t
encargo o regis
competente, outor
qualificado(a)(s)
maior de terras
Oficial de Regi
São Paulo.

CIPAL DE CAPÃO BONITO
O DE SÃO PAULO
E PROPRIEDADE
UNICIPAL DE CAPÃO BONITO, pessoa jurídica de
na RUA NOVE DE JULHO, 690, em CAPÃO BONITO,
te ato representada pelo Prefeito Municipal,
RICO JÚNIOR, com fundamento na Lei Municipal
e 2004, com as modificações da Lei Municipal
2005 e o artigo nº108 do Código Civil, e com
DO ESTADO DE SÃO PAULO, através da FUNDAÇÃO
ESTADO DE SÃO PAULO "JOSÉ GOMES DA SILVA" -
ARIA DA JUSTIÇA E DA DEFESA DA CIDADANI
técnicos, resolve doar com único e
título no oficial de registro
INA RODRIGUES DA SILVA
o, o DOMÍNIO PLENO do lote de
s, devidamente matriculado
móveis da Comarca de CAPÃO B

Pelo interior, quantas não são as fazendas Santa Maria, os sítios São José, os ranchos Santa Ana? E nas cidades, além dos próprios nomes – São Paulo, Santo André, Aparecida – qual centro não tem seu largo de São Bento, de São Francisco?

Em Chavantes, cidade próxima a Ourinhos, 24 hectares pertenceriam a Nossa Senhora do Rosário, doadas por fazendeiro de sobrenome Piedade, tendo sido registradas, há meio século, em nome da Mitra Diocesana, personificação jurídica da Igreja Católica. Na prática, todo um distrito já se estabelecera, ao longo de décadas, sobre o sacro imóvel, e as famílias que lá moravam, como tantas outras em situações análogas, ansiavam ser proprietárias documentadas de seus lares.

Para buscar a solução pacífica da regularização fundiária, o Governo do Estado desenvolve o programa Minha Terra, a cargo da Fundação Itesp e em parceria com mais de 30 Municípios, o qual já entregou quase 26 mil títulos de propriedade a famílias que, agora, podem rezar e dormir em paz.

AGOSTO 2009

Tráfico de pessoas, ainda hoje

Uma das mais execráveis práticas contrárias à dignidade humana resiste ao tempo e continua ocorrendo em pleno século XXI: a comercialização de pessoas como se coisas fossem, na vil exploração do ser físico do semelhante, situação em que o pessimismo hobbesiano encontra infeliz confirmação, com o homem agindo como lobo de si mesmo.

O tráfico de pessoas, um mal globalizado, busca lucrar com o uso remunerado do corpo humano, para satisfação de desejos sexuais de outrem, para venda de órgãos aproveitáveis em transplantes e/ou para trabalho em condições análogas à escravidão.

Redes criminosas se organizam para desenvolver as atividades ilícitas, inclusive com articulações internacionais. Seus agentes transformam em vítimas pessoas suscetíveis a apelos calcados em promessas de emprego fácil, de vultosos ganhos financeiros, de rápida ascensão profissional, de uma vida materialmente melhor, em suma. O sonho de alçar voos impulsiona a vítima a entrar na cruel arapuca moderna.

A fim de prevenir e reprimir tal prática, há acordos internacionais, realização de pesquisas capazes de identificar as características do problema, definição e adoção de estratégias de ação. Em São Paulo, a Secretaria da Justiça e da Defesa da Cidadania mantém um escritório de combate ao tráfico humano (11 32414291), em convênio com o Ministério da Justiça, que atua junto ao Comitê Estadual que integra o poder público e a sociedade civil no enfrentamento das várias formas de mercantilização da pessoa.

Alguns casos analisados pelo escritório paulista indicaram especial vulnerabilidade por parte dos quilombolas, famílias descendentes dos antigos escravos negros que residem em comunidades rurais pobres e remotas, as quais teriam sofrido recentes situações de tráfico, como a dizer que um raio cai mais de uma vez no mesmo local, atingindo agora descendentes dos traficados da pretérita escravidão.

Para conscientizar e alertar contra a prática criminosa, a Fundação Itesp produziu e distribuiu a cartilha *O desencanto e a exploração de Luanda*, em formato de história em quadrinhos, com narrativa lastreada na realidade de jovem aliciada que deixa sua comunidade, no Vale do Ribeira, para tentar a vida na capital, onde vive precariamente na periferia, atemorizada pelo tráfico de drogas e com renda insuficiente, acabando por ceder à oferta de dinheiro para se prostituir.

Porque o primeiro passo a mudar uma realidade injusta é conhecê-la, para bem enfrentá-la.

JULHO 2009

A conquista da cidadania no campo, por meio da realização de assentamentos e do reconhecimento aos quilombos, e a promoção da segurança jurídica, com a entrega do título de propriedade a quem já possui moradia urbana ou rural, são resultado das políticas públicas empreendidas pelo Itesp, entidade vinculada à Secretaria da Justiça e da Defesa da Cidadania que comemora neste ano a primeira década de sua transformação em fundação estadual, fruto da Lei nº 10.207/99.

Hoje, são atendidos 172 assentamentos rurais em todo o Estado de São Paulo, sendo 131 em terras públicas estaduais, arrecadadas pelo Itesp, e 41 em áreas federais, desapropriadas pelo Incra, beneficiando um total de 10,2 mil famílias de pequenos produtores rurais – são mais de 50 mil pessoas vivendo na roça com dignidade, pois os assentamentos contam com assistência técnica gratuita e permanente, prestada por profissionais concursados e capacitados, bem como recebem programas e ações voltados à produção e à geração de renda, incluindo investimentos em infraestrutura, meio ambiente e desenvolvimento social.

Como bem diz o Secretário da Justiça, Luiz Antonio Marrey, a "reforma agrária é muito mais do que distribuir terra, é garantir aos trabalhadores rurais dos assentamentos e quilombos o direito ao desenvolvimento sustentável, para que tenham condições de vida digna e possam auferir os benefícios de uma sociedade democrática".

O Itesp atua também em busca da regularização fundiária, para garantir segurança e cidadania a quem já possui sua moradia. Em parceria com mais de 30 Municípios, o Ministério Público e o Poder Judiciário, logrou-se obter a entrega de mais de 25 mil títulos de propriedade, beneficiando diretamente mais de 100 mil pessoas, que passaram a ter tranquilidade em relação aos imóveis que ocupam e residem, contribuindo para a valorização das áreas contempladas, o ordenamento territorial, o planejamento urbanístico e o desenvolvimento.

A fim de comemorar a data e reconhecer a importância do trabalho que vem sendo desenvolvido por meio da política agrária e fundiária paulista, a Assembleia Legislativa promove, no próximo dia 3 de abril, sexta-feira, às 10 horas, em seu plenário, Sessão Solene alusiva aos 10 anos da Fundação Itesp, por iniciativa do Deputado Samuel Moreira e convite do Deputado Barros Munhoz, Presidente do Parlamento Bandeirante. Será um singular momento para a renovação do compromisso com o acesso produtivo à terra, a regularização fundiária, a realização da justiça e o desenvolvimento sustentável.

ABRIL 2009

Mulheres da terra

O mês de março, sempre marcado por eventos que realçam a condição feminina, convida à reflexão sobre as desigualdades, discriminações e preconceitos que ainda transformam muitas mulheres em vítimas de violência física e de outras formas de violação da dignidade.

A fim de enfrentar tais problemas, espraiando a conscientização sobre a essencialidade da igualdade e a universalidade dos direitos humanos, que não conhecem fronteiras geográficas, atingindo tanto mulheres da cidade como do campo, a Fundação Itesp, a Secretaria da Justiça e da Defesa da Cidadania e os Conselhos Estaduais da Condição Feminina e da Comunidade Negra promoveram, com o apoio de Prefeituras, da Sabesp e da Associação dos Oficiais da Polícia Militar, um encontro com mais de 300 mulheres, entre assentadas rurais – beneficiárias da reforma agrária, quilombolas –, descendentes de antigos escravos, e lideranças femininas das periferias urbanas que atuam nos Centros de Integração da Cidadania – CICs. Foi uma rica oportunidade de intercâmbio de experiências, valorização das iniciativas exitosas coordenadas por mulheres empreendedoras e fortalecimento dos laços entre elas e as entidades públicas, além de homenagens às que mais se destacaram em suas coletividades.

Recolhi e a elas ofereci um singelo apanhado de palavras unidas pelo sentimento sincero:

Trabalho na roça – empunhar a enxada, lançar a semente
A força da família, gente unida, sempre ativa e presente

Ao raiar do sol, alegria e despertar, novo dia pela frente;
Com o despontar da lua, satélite feminino, o descanso de corpo e mente.

Mulher do campo, senhora da vida, mãe da terra,
Do Vale do Ribeira, do Pontal do Paranapanema, do alto da serra
Seu olhar almeja – e alcança, sua mão aponta – e não erra
O permanente cultivar da justiça para a paz, nunca a guerra.

Frágil e delicada nos sentimentos e emoções,
Forte e destemida nos momentos de desafios e ações
Síntese de predicados e valores, plena de criações
A luz da sua face encanta, a voz a embalar belas canções.

Bendito é o fruto de seu ventre – toda mulher é Maria
Gerar e gestar a vida, singular e profunda alegria
Tornar o solo berço para o grão, sob o vento, chuva ou calmaria,
Cuidar dos filhos, tratar dos bichos, na suave gestão do dia a dia.

Mulher da terra, senhora do campo, mãe da vida,
No assentamento é sempre valente, às vezes até atrevida,
No quilombo embala as tradições e vivifica a cultura, ninguém duvida
Mãe, senhora, mulher – a homenagem é justa, e sempre devida.

MARÇO 2009

IMPLANTAÇÃO DOS ASSENTAMENTOS EM PORTO MARIA (ACIMA)
E SANTO EXPEDITO (ABAIXO)
NA PÁGINA ANTERIOR, ASSENTAMENTOS EM PORTO FELIZ,
SUMARÉ E VALE DO RIBEIRA (DE CIMA PARA BAIXO)

Novos assentamentos

Realizar um assentamento é transformar a realidade, proporcionando vida nova ao pequeno produtor rural por meio do aproveitamento de grandes áreas rurais ociosas ou indevidamente apropriadas. É a oportunidade de trabalho produtivo e decente para quem tem raízes na terra, aliada à destinação social de imóveis públicos.

A execução da política agrária e fundiária paulista, tarefa legalmente atribuída à Fundação Itesp, passa pela realização de novos assentamentos, haja vista que ainda existe grande quantidade de fazendas reivindicadas pelo Estado na Justiça, além da possibilidade de melhor aproveitamento de áreas rurais já integrantes do patrimônio imobiliário estadual. E, mais importante, muitas famílias de agricultores aguardam pela possibilidade de lavrar suas próprias terras.

O caminho para um novo assentamento, contudo, não é fácil: em geral, inicia-se com uma ação judicial para arrecadação, passa pelas diversas instâncias do Poder Judiciário, demanda projeto detalhado de divisão de lotes e abertura de estradas, sujeita-se ao licenciamento ambiental exigido e envolve criteriosa seleção pública das famílias a serem contempladas com a permissão de uso outorgada pela Fundação Itesp.

Nos últimos meses foram realizados novos assentamentos em Batatais (Nossa Terra, 30 famílias beneficiadas), Rosana (Porto Maria, 41 famílias) e Teodoro Sampaio (Santo Expedito, 29 famílias), e dois serão instalados entre março e abril: São Camilo, em Presidente Venceslau, para 25 famílias, e Santa Teresa, em Euclides da Cunha, que contemplará outras 46 famílias de trabalhadores rurais sem-terra. Além dessas, quatro fazendas encontram-se em licenciamento ambiental e serão transformadas em espaços de desenvolvi--mento da agropecuária a partir do segundo semestre de 2009.

Os resultados positivos são facilmente perceptíveis: democratização do acesso à terra, fixação do trabalhador rural no campo, aumento da produção de alimentos, ativação da economia local, recuperação ambiental, valorização da agricultura familiar.

No momento da entrega dos documentos que formalizam a implantação do assentamento, a expressão de contentamento e conquista que extravasa dos olhares, dos sorrisos, das falas, dos abraços e até, às vezes, do choro, revela o significado maior da ação do Estado: contribuir para que as pessoas vivam com dignidade a permanente busca por felicidade.

MARÇO 2009

Cidade nova

A cidade é o local de convivência das pessoas, é o espaço físico onde são exercidos os direitos e os deveres da cidadania, com as facilidades e avanços da tecnologia e do desenvolvimento – por um lado –, e a concentração de problemas e situações desafiadoras – por outro –, e deve ser sempre o ponto de convergência das políticas públicas, dos investimentos e das ações conjuntas, a fim de universalizar as conquistas obtidas pela civilização e buscar a superação da miséria, violência e injustiça.

Recente encontro internacional de profissionais dedicados às cidades, chamado "Urban Age", ocorreu em São Paulo e colocou em pauta diversos temas fundamentais, dentre os quais o Governador José Serra destacou 3 deles, prioritários para o desenvolvimento das metrópoles: transporte, habitação e regularização fundiária.

A regularização fundiária é, por certo, questão que interessa à maioria das cidades brasileiras, sem distinção em virtude de dimensão, localização ou histórico, apresentando-se como remédio para a incapacidade de adequada gestão territorial e expansão desordenada da ocupação humana, malefícios que afetam parcelas relevantes da população urbana e rural, privadas da garantia jurídica do imóvel em que residem e fadadas a conviver com a precariedade da posse e da informalidade, muitas vezes em favelas, distritos informais e encostas sujeitas a deslizamentos.

Para o Poder Público, portanto, a regularização fundiária significa retomar o controle coletivo do território, mediante ação integrada do Executivo,

Legislativo e Judiciário, fazer valer a legislação urbanística e ambiental, concretizando o Estatuto das Cidades, o Plano Diretor e a Lei de Zoneamento, e também viabilizar a correta incidência fiscal, inserir na legalidade situações fáticas consolidadas, valorizar o sistema de registros públicos e promover a cidadania dos detentores dos imóveis.

Da perspectiva do cidadão, o resultado da regularização fundiária é a inclusão social e econômica, a transformação de possuidor em proprietário, a possibilidade de obtenção de financiamentos e investimentos públicos e privados, a valorização do imóvel em que reside e a melhoria do bairro em que ele se insere. É a conquista definitiva da moradia familiar, pondo fim à insegurança e propiciando condição basilar para a melhoria da qualidade de vida.

É passo fundamental para a construção de um ambiente de dignidade, uma verdadeira Cidade Nova – não por acaso, o nome de bairro da periferia de Itu que acaba de concluir sua regularização fundiária, após 2 anos de trabalho da Prefeitura em conjunto com a Fundação Itesp, beneficiando 3 mil imóveis cujos moradores tornaram-se, agora, novos cidadãos.

DEZEMBRO 2008

Quilombos paulistas, justiça e cidadania

Acabar com a escravidão não nos basta;
é preciso destruir a obra da escravidão.
Joaquim Nabuco

ANTECEDENTE HISTÓRICO

O ano era 1884, no Brasil vigorava o Império, e a escravidão se mantinha como o esteio da economia nacional. A sociedade política ainda convivia com a aberração ética de negar a condição humana a uma pessoa em virtude de sua cor de pele, desconsiderando a dignidade essencial que irmana a todos os seres humanos e excluindo largo contingente populacional da tutela jurídica própria.

Joaquim Nabuco, aclamado como o patrono da raça negra, valoroso bacharel que recolheu lições de Direito nas Arcadas do Largo de São Francisco, disputava, àquela época, mandato eletivo no Estado de Pernambuco e pregava em praça pública a necessidade de dotar o ordenamento pátrio de uma lei agrária, que estipulasse a democratização do solo como medida fundamental e complementar à emancipação dos escravos: "A propriedade não tem somente direitos, tem também deveres, e o estado da pobreza entre nós, a indiferença com que todos olham para a condição do povo, não faz honra à propriedade, como não faz honra ao Estado".

Já se vislumbrava, com clareza e contundência, antes mesmo da conquista da abolição da escravatura, quão imprescindíveis seriam medidas necessárias à plena vigência da liberdade e da igualdade, que extrapolassem o plano da legalidade formal e se revelassem capazes de superar o complexo legado dos séculos de escravidão entranhada na vida brasileira.

A advertência estava dada: urgia proibir o regime escravocrata, recusando que pessoas continuassem sendo tratadas como se coisas fossem, e ao mesmo tempo dever-se-iam adotar providências concretas capazes de enfrentar as mazelas perpetradas contra os negros e suas múltiplas consequências, realçando-se de pronto a posse da terra como fator vital à subsistência dos libertos.

AVANÇOS LEGAIS

A áurea Lei nº 3.353, de 13 de maio de 1888, afinal extinguiu a escravidão no Brasil, mas foi somente um século após, em 5 de outubro de 1988, que a Lei Maior do nosso país cuidou expressamente de assegurar terras aos descendentes de escravos.

Assim, a Constituição em vigor encampou a proposta abolicionista por meio do artigo 68 de suas Disposições Transitórias, com a seguinte dicção: "Aos remanescentes das comunidades dos quilombos que estejam ocupando suas terras é reconhecida a propriedade definitiva, devendo o Estado emitir-lhes os títulos respectivos".

Impôs-se, portanto, a obrigação de o Poder Público atuar em favor daqueles descendentes dos antigos escravos, a fim de assegurar a titularidade das terras ancestralmente ocupadas, para que não fossem privados dos meios essenciais para sua sobrevivência física e cultural.

CRONOLOGIA PAULISTA

No Estado de São Paulo, a fim de tornar realidade o dispositivo constitucional, instalou-se Grupo de Trabalho junto à Secretaria da Justiça e da Defesa da Cidadania, por meio do Decreto nº 40.723/96, que realçou conceitos, estabeleceu diretrizes e concluiu pela oportunidade de criação de um programa governamental voltado à identificação, discriminação, legitimação e regularização de terras devolutas estaduais ocupadas por remanescentes das comunidades de quilombos, que cuidaria, também, da implantação de medidas socioeconômicas, ambientais e culturais.

Sobreveio, em 13 de maio de 1997, o Decreto nº 41.774, que criou o Programa de Cooperação Técnica e de Ação Conjunta entre Secretarias Estaduais e outras instituições, motivado pela prioridade governamental conferida à identificação e regularização fundiária das áreas ocupadas por remanescentes quilombolas, bem como pelo propósito de proteção dos ecossistemas, desenvolvimento socioeconômicocultural, preservação da tradição histórica e de resgate da cidadania dessas comunidades.

Para implementação do Programa, instituiu-se um Grupo Gestor vinculado ao Gabinete do Governador, composto por representantes das Secretarias da Justiça, Casa Civil, Cultura, Meio Ambiente, Educação, Agricultura, da Procuradoria Geral do Estado, do Itesp, da Fundação Florestal, do Condephaat, do Conselho Estadual de Participação e Desenvolvimento da Comunidade Negra, da OAB-SP e do Fórum Estadual de Entidades Negras. Atualmente, a coordenação do Grupo é exercida pelo Diretor Executivo do Itesp, nomeado representante da Secretaria da Justiça e da Defesa da Cidadania, e são realizadas reuniões mensais.

A Lei nº 9.757/97 sucintamente disciplinou a legitimação de posse de terras públicas estaduais aos remanescentes das comunidades de quilombos, determinando a expedição dos correspondentes títulos, sem qualquer ônus às associações legalmente constituídas para representar a coletividade beneficiada. O Decreto nº 42.839/98 regulamentou-a, indicando os procedimentos necessários ao reconhecimento, previamente à legitimação de posse.

PAPEL DO ITESP

A iniciativa de criação do Programa e seu Grupo Gestor, inédita, buscou organizar a atuação estatal paulista e viabilizar as complexas providências necessárias, envolvendo e impulsionando a ação dos diversos órgãos relacionados à questão quilombola. Por certo que a disposição do Governador Mario Covas, assessorado pelo Secretário da Justiça e da Defesa da Cidadania, Belisário dos Santos Júnior, e seu Adjunto, Edson Luiz Vismona, teve fundamental importância para a decisiva participação do Governo do Estado na tarefa de reconhecimento e titulação das comunidades quilombolas bandeirantes.

Coube ao Itesp realizar os trabalhos fundiários, com levantamentos de perímetros e glebas, medição e demarcação, identificando as características de posses em terras devolutas, bem como elaborar e implementar normas e métodos voltados à exploração agronômica e extrativista, além de proporcio-

COMUNIDADE QUILOMBOLA NO VALE DO RIBEIRA

nar assistência técnica e capacitação a fim de propiciar a melhoria da qualidade de vida das famílias quilombolas.

Em 8 de janeiro de 1999, com a promulgação da Lei nº 10.207, ganha o Itesp – até então uma Coordenadoria da Secretaria da Justiça e da Defesa da Cidadania, com modesta estrutura administrativa, operacional e de recursos humanos – grande impulso institucional, transformando-se em fundação pública e dispondo de melhores condições para buscar as finalidades almejadas, dentre as quais figuram, expressamente, no artigo 3º, a promoção da identificação e da demarcação das terras ocupadas por remanescentes das comunidades de quilombos, para fins de regularização fundiária, bem como buscar seu desenvolvimento socioeconômico e prestar assistência técnica.

O novo Estatuto do Itesp, aprovado pelo Decreto nº 44.944, de 31 de maio de 2000, estabelece que a Diretoria Executiva conta com um Titular e quatro Diretores Adjuntos, com atribuições especificadas no Regulamento Geral, aprovado pelo Conselho Curador em 2 de dezembro de 1999: Administração, Finanças e Recursos Humanos; Recursos Fundiários; Políticas de Desenvolvimento; Formação, Pesquisa e Promoção Institucional. Para a atuação com foco nas comunidades quilombolas, além da necessidade de ação de praticamente todas as áreas administrativas e técnicas da entidade, foi destacada uma unidade específica, a Assistência Especial de Quilombos, incumbida de articular internamente, acompanhar e contribuir para o êxito das políticas públicas direcionadas aos quilombos.

O Governo de São Paulo, como se vê, encampou a responsabilidade pública da defesa da cidadania das comunidades quilombolas e conferiu ao Itesp missão estratégica nessa histórica seara.

RECONHECIMENTO, TITULAÇÃO, APOIO AO DESENVOLVIMENTO

A atuação junto aos quilombos paulistas inicia-se com a abertura de processo administrativo no Itesp, com vistas aos estudos e providências relacionados ao reconhecimento oficial de determinada comunidade, cujos integrantes provocam a atividade estatal por meio da apresentação de autodeclaração.

Contrata-se, em seguida, a elaboração de Relatório Técnico-Científico sobre as origens da comunidade e suas características antropológicas, genealógicas, históricas, geográficas e culturais, dentre outras, aferidas por antropólogo e devidamente detalhadas e fundamentadas, apontando conclusão quanto à configuração de núcleo remanescente de antigo quilombo.

As providências relacionadas ao território demandado são adotadas pela Diretoria Adjunta de Recursos Fundiários, que produz os levantamentos em campo, elabora os mapas e plantas necessários.

Concluída a etapa inicial do trabalho de reconhecimento, manifesta-se a Assistência Especial de Quilombos, composta por profissionais efetivos do quadro multidisciplinar do Itesp, analisando o processo e todos os seus aspectos, para apresentar ao Diretor Executivo a síntese do quanto compilado nos autos e recomendar a decisão cabível.

A Advocacia e Consultoria Jurídica do Itesp também é chamada a apreciar o feito, verificando o cumprimento das normas aplicáveis e a adequada instrução dos autos, emitindo o competente parecer jurídico.

Por fim, encaminha-se o processo de reconhecimento ao Grupo Gestor de Quilombos, com inclusão em pauta e apresentação oral, com oportunidade para conhecimento dos documentos recolhidos e formulação de questões.

Havendo conclusão favorável, torna-se possível o reconhecimento oficial da Comunidade Quilombola pelo Estado de São Paulo, que se materializa em publicação da decisão do Diretor Executivo do Itesp no *Diário Oficial*, conforme o mais recente ato exarado, em 19 de novembro de 2008, que reconheceu a Comunidade Quilombola de Ribeirão Grande, no Município de Barra do Turvo, na região do Vale do Ribeira:

> Despacho do Diretor Executivo - Novembro de 2008 - *Aprova o Relatório Técnico Científico de Reconhecimento dos Remanescentes da Comunidade Quilombola de Ribeirão Grande/Terra Seca, situado no Município de Barra do Turvo, no Estado de São Paulo.*
>
> O DIRETOR EXECUTIVO DA FUNDAÇÃO INSTITUTO DE TERRAS DO ESTADO DE SÃO PAULO "JOSÉ GOMES DA SILVA" - ITESP, no uso das atribuições que lhe conferem o artigo 3°, inciso VI, da Lei Estadual n°

10.207/99, e o artigo 7°, item 27, do Regulamento Geral da Fundação Itesp, e tendo em vista o contido nos autos do Processo Itesp nº 170/2007, em especial o parecer conclusivo do Relatório Técnico-Científico a respeito da condição quilombola da comunidade negra de Ribeirão Grande/Terra Seca, os trabalhos técnicos de demarcação do território realizados pela Diretora Adjunta de Recursos Fundiários, o Termo de Anuência assinado pelos líderes da comunidade, em obediência ao parágrafo único do artigo 4º do Decreto Estadual nº 42.839/98, o parecer jurídico exarado pela Advocacia e Consultoria Jurídica, a manifestação favorável da Assistência Especial de Quilombos e, por fim, submetido à apreciação do Grupo Gestor de Quilombos, instituído pelo Decreto Estadual nº 41.774/97, DECIDE:

APROVAR o Relatório Técnico-Científico elaborado pelo antropólogo Rubens Alves da Silva, referente à identificação étnica e territorial dos Remanescentes da Comunidade de Quilombo de Ribeirão Grande/Terra Seca, situado no Município de Barra do Turvo, no Estado de São Paulo, nos termos do artigo 68 do Ato das Disposições Constitucionais Transitórias da Constituição Federal vigente, dos artigos 215 e 216, também da Constituição Federal, do artigo 3º da Lei Estadual nº 9757/97 e dos artigos 1º, 2º e 3º do Decreto Estadual nº 42.839/98, ratificando a conclusão dos estudos contidos no Relatório e os traba-lhos técnicos de demarcação, a fim de

RECONHECER a Comunidade Negra de Ribeirão Grande/Terra Seca e seu Território como Remanescente de Quilombo.

DETERMINO a publicação, no *Diário Oficial* do Estado de São Paulo, do presente despacho da Diretoria Executiva, do Parecer da Assistência Especial de Quilombos, do Resumo apresentado pelo Antropólogo responsável pelo Relatório Técnico-Científico e do Memorial Descritivo Geral elaborado pela Diretoria Adjunta de Recursos Fundiários.

OFICIAR: Secretaria do Meio Ambiente, Instituto Florestal, Fundação Florestal, Secretaria da Cultura, Conselho do Desenvolvimento do Patrimônio Histórico, Artístico, Arquitetônico e Turístico – CONDEPHAAT, Secretaria da Educação, Secretaria da Agricultura e Abastecimento, Conselho Estadual de Desenvolvimento e Participação da Comunidade Negra, Fórum de Entidades Negras do Estado de São Paulo, Comissão de Direitos Humanos da Ordem dos Advogados do Brasil – Secção de São Paulo, para ciência desta decisão.

OFICIAR também: à Fundação Cultural Palmares – FCP e ao Instituto Nacional de Colonização e Reforma Agrária - INCRA, para ciência e manifestação a respeito das áreas de domínio particular insertas no território quilombola ora reconhecido; à Secretaria Especial de Políticas de Promoção da Igualdade Racial – SEPPIR e ao Instituto do Patrimônio Histórico Nacional – IPHAN, para conhecimento e demais providências afetas às esferas de suas respectivas competências.

Em 19 de novembro de 2008.

Obtido o reconhecimento oficial, entram em campo os profissionais de assistência técnica e extensão rural do Itesp – agrônomos, assistentes sociais, veterinários, técnicos agropecuários – os quais auxiliarão as famílias em seus cultivos de subsistência, na produção de artesanato, realização de cursos, obtenção de créditos financeiros, acesso a direitos sociais e a programas públicos de investimentos.

Em paralelo às ações de desenvolvimento e melhoria da qualidade de vida, seguem as providências de regularização fundiária, em busca da titulação definitiva da área, tarefa extremamente complexa e sinuosa.

A titulação será feita pelo Estado quando o território reconhecido como quilombola encontrar-se em área devoluta estadual, hipótese em que se expede título de domínio à associação dos remanescentes da comunidade quilombola, documento garantidor da propriedade sobre a área discriminada, gravado com cláusula de inalienabilidade, impedindo futura comercialização.

Porém, nem todas as situações poderão ser resolvidas no âmbito do Poder Executivo Estadual, visto que algumas delas demandam a propositura de ações judiciais, discriminatórias, reivindicatórias ou desapropriatórias, inclusive a cargo de órgãos federais, como o Incra.

PANORAMA ATUAL DOS QUILOMBOS PAULISTAS

Vinte anos após o mandamento da Constituição Federal, e a se completar a primeira década de existência do Itesp como Fundação, contabilizam-se, em território paulista, 41 comunidades quilombolas apontadas para o reconhecimento, das quais 23 foram oficialmente reconhecidas e como tal declaradas publicamente, sendo que seis delas puderam receber o título de domínio de seus territórios.

As comunidades quilombolas reconhecidas pelo Estado são as seguintes: no Vale do Ribeira: município de Eldorado – Ivaporunduva, Pedro Cubas, Galvão, São Pedro, Nhunguara, André Lopes, Sapatu, Pedro Cubas de Cima, Poça; município de Iporanga – Maria Rosa, Pilões, Praia Grande, Porto Velho; município de Cananeia – Mandira; município de Barra do Turvo – Ribeirão Grande; município de Iguape – Morro Seco; município de Itaoca – Cangume. No Vale do Paraíba, município de Ubatuba – Camburi e Caçandoca. Na Região Sudoeste, nos municípios de Itapeva – Jaó, e de Salto de Pirapora – Cafundó. Na Região Leste: município de Itatiba – Brotas; município de Capivari – Capivari. (veja tabela na página seguinte)

Encontram-se em andamento os trabalhos de reconhecimento de outras oito comunidades: Fazenda, Cazanga, Bombas, Piraporinha, Pilar, Jurumirim, Cedro, Pedra Preta.

Em benefício das mais de mil famílias quilombolas assistidas, o Itesp investe na infraestrutura com obras de abastecimento de água e saneamento, melhoria de estradas, construção de galpões de múltiplo uso e de espaços comunitários, de centro de apoio a visitantes, de tanques para piscicultura, de quadras poliesportivas; até mesmo a balsa que atravessa o rio Ribeira de Iguape, na região próxima da divisa de Eldorado com Iporanga, foi feita pelo Itesp para facilitar a comunicação e o acesso das comunidades mais distantes.

Também são preparados e apresentados projetos e iniciativas em busca de parcerias e investimentos, em especial junto a órgãos estaduais (Programa Pró-Lar Moradia Quilombola, da Secretaria da Habitação, Programa de Microbacias e FEAP – Fundo de Expansão da Agropecuária e da Pesca, da Secretaria da Agricultura e Abastecimento, Secretaria de Esportes e Lazer, Secretaria da Cultura, Secretaria da Saúde, Secretaria da Educação), federais (Ministério do Desenvolvimento Agrário, Secretaria Especial de Políticas para a Promoção da Igualdade Racial, Fundação Palmares, Incra) e não governamentais (Instituto Sócio-Ambiental – ISA, Fundação Orsa, Comissão Justiça e Paz), entre outros, cujo objetivo principal é o fortalecimento das atividades produtivas, a preservação cultural e ambiental e a melhoria da qualidade de vida.

Outra estratégia do Itesp é realizar feiras de produtos das comunidades quilombolas, aliadas a apresentações culturais e a depoimentos orais.

Relação das Comunidades Remanescentes de Quilombos reconhecidas pelo Itesp

Comunidade	Município	Área total (ha)	Área devoluta	Área particular	Famílias	Ano de Reconhecimento
1. Ivaporunduva	Eldorado	2.754,36	672,28	2.082,07	98	1998 *
2. Maria Rosa	Iporanga	3.375,66	3.375,66	0,00	25	1998 *
3. Pedro Cubas	Eldorado	3.806,23	2.449,39	1.356,84	40	1998 *
4. Pilões	Iporanga	6.222,30	5.925,99	296,31	63	1998 *
5. São Pedro	Eldorado/ Iporanga	4.688,26	4.558,20	130,07	39	1998 *
6. Cafundó	Salto de Pirapora	209,64	0,00	209,64	24	1999
7. Caçandoca	Ubatuba	890,00	discriminatória	discriminatória	50	2000
8. Jaó	Itapeva	165,77	0,00	165,77	53	2000
9. André Lopes	Eldorado	3.200,16	3.049,20	76,14	76	2001
10. Nhunguara	Eldorado/ Iporanga	8.100,98	8.100,98	0,00	91	2001
11. Sapatu	Eldorado	3.711,62	1.584,06	2.127,56	82	2001
12. Galvão	Eldorado/ Iporanga	2.234,34	1.942,83	291,50	34	2001*
13. Mandira	Cananeia	2.054,65	área não discriminada	área não discriminada	16	2002
14. Praia Grande	Iporanga	1.584,83	4 16,68	1 .104,26	34	2002
15. Porto Velho	Iporanga	941,00	0,00	941,00	19	2003
16. Pedro Cubas de Cima	Eldorado	6.875,22	3.074,97	3.800,24	22	2003
17. Capivari	Capivari	6,93	0,00	6,93	17	2004
18. Brotas	Itatiba	12,48	0,00	12,48	32	2004
19. Cangume	Itaoca	724,60	0,00	724,60	37	2004
20. Camburi	Ubatuba	972,36	discriminatória	discriminatória	39	2005
21. Morro Seco	Iguape	164,69	0,00	164,69	47	2006
22. Poça	Eldorado/ Jacupiranga	1.126,14	0,00	1.126,14	41	2007
Total					979	

* Comunidades tituladas

Em comemoração ao Dia da Consciência Negra, no dia 20 de novembro, realizou-se, no Parque da Água Branca, na zona Oeste da Capital, a Feira dos Quilombos em São Paulo, com participação de mais de cinquenta quilombolas do interior e do litoral paulista, os quais trouxeram para a capital desde alimentos como mel, pães, banana, ostras e farinha de mandioca, até artesanatos fabricados a partir da folha de bananeira e objetos de decoração em madeira, conchas e palhas. Danças como o maculelê, tradição da comunidade quilombola do Jaó, localizada no município de Itapeva, ilustraram o evento e atraíram a atenção das pessoas que caminhavam pelo parque público, propiciando rica interação e convivência entre os paulistanos e os paulistas descendentes de africanos.

Publicações oficiais foram produzidas para registrar as políticas formuladas e a realidade quilombola paulista, valendo mencionar apenas duas basi-lares, editadas pelo Itesp e disponíveis no *site* www.itesp.sp.gov.br: "Quilombos em São Paulo – tradições, direitos e lutas", e o número 3 da série Cadernos Itesp, intitulado "Negros do Ribeira: Reconhecimento Étnico e Conquista do Território", com segunda edição de outubro de 2000. A edição de 2008 da revista *Fatos da Terra*, número 20, dedica matéria de capa às comunidades quilombolas do Vale do Ribeira.

CONCLUSÃO

Com a libertação dos escravos, importante conquista jurídica construída politicamente durante as décadas do século XIX, foram os negros lançados nas impiedosas marés revoltas da exclusão social e econômica, desprovidos de efetiva cidadania, alijados de patrimônio, imersos numa sociedade marcada pelo racismo.

Algumas famílias de descendentes de escravos remanescem, ainda hoje, em áreas ocupadas por seus ancestrais, e foram contempladas com a previsão de garantia da propriedade de suas terras, assegurada pela Constituição de 1988.

O Estado de São Paulo, por meio do Itesp, vem atuando para tornar realidade o preceito constitucional, com a edição de normas específicas e a formulação e implementação de um programa governamental amplo e articulado, contemplando medidas que possibilitaram o reconhecimento de 23 comunidades quilombolas, e a titulação definitiva de seis delas, propiciando ações voltadas ao desenvolvimento e à promoção da cidadania.

Contudo, o legado da escravidão, presente em diversas expressões de preconceito, desigualdade e injustiça, ainda está a demandar decidida atuação da sociedade e do Estado, e o caminho já percorrido deve servir de estímulo aos demais passos que precisam ser dados, em busca da efetividade dos direitos humanos, para todos.

NOVEMBRO 2008

Japoneses assentados

O centenário da imigração japonesa no Brasil, comemorado no ano em curso, motivou pesquisa documental com resultados muito interessantes, ensejando, inclusive, publicação na revista *Política Externa* pelo renomado historiador Boris Fausto, que selecionou relatório onde bem aparece o papel do Estado na introdução dos japoneses no Vale do Ribeira, região em que receberam lotes de terra posteriormente adquiridos mediante pagamento de prestações.

Encontrou-se, pois, rico conjunto de documentos relacionados à chegada dos japoneses no Estado de São Paulo, ao tempo em que nosso país denominava-se República dos Estados Unidos do Brasil, e os documentos eram chancelados com selos de mil réis, encartados em processos administrativos da então "Directoria de Terras, Colonização e Immigração", antecessora da Fundação Itesp.

Os registros históricos revelam que os primeiros assentamentos rurais impulsionados pelo Governo do Estado ocorreram àquele período e propiciaram a formação de núcleos coloniais em terras devolutas entregues pelo Estado à Companhia Imperial de Emigração de Tóquio (depois denominada Kaigai Kogyo Kabushiki Kaisha, a conhecida KKKK de Registro, no Vale do Ribeira).

Informe do Diretor da Hospedaria de Imigrantes (hoje Memorial do Imigrante, aberto ao público) relaciona os 781 japoneses que foram recebidos na Capital em 19 de junho de 1908, após desembarque do navio a vapor *Kasato Maru*, no porto de Santos. Foram 165 famílias e 45 "avulsos", classificados 727 como agricultores e apenas 54 como detentores de outras profissões.

O cultivo das terras recebidas era incentivado e acompanhado por inspetorias estaduais existentes nas diversas regiões, as quais reportavam periodicamente "as occorrencias e o estado geral das colonias", anotando a quantidade de famílias, os lotes rurais, os títulos de propriedades entregues, os equipamentos públicos existentes, as dificuldades enfrentadas, a produção agrícola aferida; relatório de 1929 destacava a produção de arroz e café em Registro e Sete Barras.

Tudo a evidenciar a grande contribuição ao desenvolvimento nacional dada por famílias que deixaram o exíguo território insular do Pacífico para desbravar a imensidão continental tropical, cujo exemplo de exitosa dedicação à produção de alimentos serve de estímulo aos assentados da atualidade.

NOVEMBRO 2008

O Itesp no Vale do Ribeira

O Vale do Rio Ribeira de Iguape, no extremo sul do Estado de São Paulo, abrange – entre outras – a Região Administrativa de Registro, envolve 23 municípios associados no Comitê da Bacia Hidrográfica e encerra uma porção territorial de quase 2 milhões de hectares, configurando a maior área de reserva natural paulista, com 80% de Mata Atlântica preservada.

Os indicadores sociais e econômicos demonstram a possibilidade de intensificação do processo de desenvolvimento regional, para a melhoria da qualidade de vida da população. Por certo se está a almejar um modelo desafiador, que concilie aumento de trabalho e renda com a conservação ambiental e o respeito aos modos tradicionais de vida e convivência das famílias de pequenos produtores rurais, quilombolas, indígenas e pescadores, entre outros. Nesse sentido, relevo deve ser dado aos vários modos de realização do desenvolvimento sustentável, tais como a agroecologia, o ecoturismo, a produção artesanal, o investimento para a manutenção das florestas nativas como espaços de biodiversidade e retenção de carbono, o acesso à cidadania e à justiça, o registro e a difusão dos saberes e culturas distintas.

Para colaborar com o necessário impulso público a essa dinâmica, o Itesp se faz presente na única região em que não há assentamentos rurais estaduais com programas de regularização fundiária de pequenos posseiros, reconhecimento, titulação, capacitação e assistência técnica a comunidades quilombolas, além de atividades de cadastro e demarcação de reservas e parques estaduais, tudo por meio da ação cotidiana de 87 profissionais multidis-

CRIANÇAS QUILOMBOLAS

NA PÁGINA À DIREITA:
TRAVESSIA DA BALSA SEM MOTOR SOBRE
O RIO RIBEIRA DE IGUAPE

COMUNIDADE QUILOMBOLA DE IVAPORUNDUVA

ciplinares, sediados em escritórios nas cidades de Pariquera-Açu, Eldorado, Jacupiranga, Iguape, Miracatu e Registro.

Em parceria com a Secretaria do Meio Ambiente, o Itesp colabora na demarcação e cadastro do Parque Estadual da Serra do Mar e no processo do Mosaico do Jacupiranga, apoia as iniciativas do Fundo de Desenvolvimento do Vale do Ribeira – Fundesvar, da Secretaria de Desenvolvimento, implementa ações fundiárias previstas em convênio com o Incra nas Fazendas Valformoso, São Paulo e Vista Grande, e contribui nas ações judiciais relativas a questões fundiárias, atendendo solicitações da Procuradoria do Estado, do Ministério Público e do Poder Judiciário.

Para dar efetividade à Constituição Cidadã, que comemora 20 anos de vigência democrática, já foram oficialmente reconhecidas 16 comunidades quilombolas da região, das quais 6 receberam título dominial expedido pelo Estado, e todas contam com apoio técnico, atividades de formação e investimentos – estão quase prontas mais de 100 casas novas de alvenaria, feitas pela CDHU. Em termos de regularização fundiária, estão conveniadas 5 Prefeituras, com vistas à expedição de novos títulos de propriedade, além dos 11 mil entregues nos últimos anos. Também a prevenção e o enfrentamento ao tráfico de pessoas e à exploração sexual infantil têm firme participação do Itesp.

O Governo do Estado assegura a continuidade e a ampliação de tais ações, tanto por meio da destinação dos imprescindíveis recursos orçamentários para o funcionamento desta instituição, como articulando as políticas públicas e estimulando a atuação integrada e convergente. O Plano de Investimentos anunciado no final do ano passado pelo Governador José Serra, em Registro, bem como as viagens do Secretário Luiz Antonio Marrey à secção mais meridional do território bandeirante, revela o compromisso governamental com o belo e vasto Vale do Ribeira, incentivando seu desenvolvimento sustentável e solidário.

SETEMBRO 2008

Inclusão digital sem fronteiras

Numa época marcada pelo frenético avanço tecnológico, pode-se perceber, no cotidiano, a importância das recentes transformações da chamada TIC – tecnologia da informação e comunicação, em especial no acesso ao conhecimento por meio da rede mundial de computadores, a internet, que também propicia informações em tempo real, bem como prestação de serviços, comércio, lazer, relacionamentos e a possibilidade quase ilimitada de pesquisas, além de ter tornado possível a troca de imagens, sons e mensagens, pelo onipresente *e-mail*.

Para a juventude, sobretudo, o computador passa a ser ferramenta imprescindível, e o acesso à internet descortina um horizonte ampliado de possibilidades múltiplas, com suas janelas virtuais capazes de trazer para a tela, a um palmo da vista e após mero pulsar de uma tecla, verdadeiro universo de situações reais.

A fim de evitar que pessoas em condições econômicas ou sociais desfavoráveis convivam com a exclusão digital, o imperativo ético da socialização das conquistas humanas deve nortear políticas públicas que possibilitem o compartilhamento das utilidades tecnológicas aplicadas, proporcionando acesso a computadores ligados na internet e a capacitação para seu aproveitamento. Prioridade deve ser dada às periferias urbanas e às regiões rurais, áreas geralmente marcadas por deficiente infraestrutura pública.

A Fundação Itesp vem empreendendo ação articulada para levar a era digital ao campo, em benefício de famílias assentadas e quilombolas.

Já existem centros e escolas de informática e cidadania em assentamentos e comunidades quilombolas, implementados em parceria com o Comitê para a Democratização da Informática e outras entidades.

O Governador José Serra autorizou, em 2008, a instalação em assentamentos estaduais de duas unidades do programa Acessa SP – exitosa iniciativa de acesso gratuito e livre à internet, com mais de 400 postos em funcionamento – sendo que os monitores foram recrutados entre jovens das respectivas comunidades beneficiadas, e já estão prontos para o início dos trabalhos.

Iniciativa também relevante é fruto de parceria com a Coordenadoria Estadual da Juventude e a Fundação Orsa, que estão investindo na criação de dois Centros Interativos de Tecnologia no Assentamento Pirituba (um dos maiores do Estado, com 433 famílias, nos municípios de Itapeva e Itaberá), projeto que servirá de paradigma na ampliação aos demais assentamentos e comunidades quilombolas paulistas.

Com a inclusão digital no campo, o jovem não precisa se desligar da terra para ligar-se à internet. Porque um novo mundo sem fronteiras não pode ser real para uns e virtual para outros.

SETEMBRO 2008

Reflorestamento e geração de renda

A questão ambiental está em evidência, ocupando importante espaço na agenda da sociedade. Desmatamento, aquecimento global, poluição, queimadas; afinal, desenvolvimento implica destruição ambiental?

A Fundação Itesp, que promove a cidadania no campo por meio do acesso à terra para agricultores familiares, mostra que é possível conciliar o desenvolvimento rural com a preservação ambiental. Para tanto, providencia a licença ambiental para cada assentamento projetado, prevendo a recuperação das áreas de preservação permanente, como margens de rios e nascentes, bem como das glebas destinadas a reserva legal – no mínimo 20% da área total do empreendimento fica reservada para recomposição da cobertura vegetal antes degradada, além de dimensionar os lotes – e, por consequência, o número de famílias beneficiadas – de acordo com a qualidade dos solos, o relevo, o clima, a economia local.

Em tese, o reordenamento fundiário decorrente da reforma agrária representa algum risco ambiental, vez que tende a aumentar a densidade populacional no meio rural, transformando latifúndios subaproveitados e ocupados por poucos em diversos sítios cujas famílias praticarão atividades agropecuárias de forma mais intensiva. Uma grande extensão territorial unidominial divide-se em unidades produtivas menores, para benefício de maior número de famílias.

Ocorre, contudo, que as fazendas arrecadadas pelo Estado em regra encontram-se desmatadas, sofrendo os efeitos da erosão a da falta de manejo adequado, servindo apenas para a pecuária extensiva.

ASSENTAMENTO *NOSSA TERRA*, EM BATATAIS, SP

A realização de assentamento, planejado por equipe profissional multidisciplinar, respeita a legislação ambiental e evidencia o que deve ser preservado e recuperado, além de estimular modos de desenvolvimento das atividades rurais que prestigiem a agroecologia e outras formas sustentáveis de produção.

Um incentivo à recuperação ambiental reside na descoberta de estratégias capazes de gerar renda adicional aos responsáveis por sua implementação. Exemplo concreto de que isso é possível já ocorre no Assentamento Laudenor de Souza, em Teodoro Sampaio, no Pontal do Paranapanema, onde assentados estão plantando e cuidando das 25 mil mudas adquiridas pelo Itesp junto à Secretaria da Agricultura, tendo a Prefeitura fornecido o formicida e a Usina vizinha, as máquinas que prepararam o solo para a ação regeneradora.

Assim, a área de 62 hectares, até então um descampado sem nenhuma árvore, está ganhando espécies nativas e outras, como frutíferas, seringueiras e urucum, cujos frutos e seivas proporcionarão renda complementar às trabalhadoras famílias assentadas, que depositam suas esperanças no verde, vislumbrando um horizonte mais róseo para todos.

AGOSTO 2008

Abolição, 120 anos depois

Em 13 de maio de 1888, tardiamente, a ordem jurídica brasileira baniu a escravidão, sepultando, ao menos formalmente, o sistema de exploração desumana que sacrificou inúmeras gerações de famílias degredadas, trazidas ao nosso país para labutar sob chicote e pelourinho, sem direito algum.

Com a libertação, importante conquista jurídica construída politicamente durante as décadas do século XIX, foram os negros lançados nas impiedosas marés revoltas da exclusão social e econômica, alforriados sim, porém desprovidos de efetiva cidadania e alijados de patrimônio, sem dispor de condições reais para uma inserção digna na sociedade.

Joaquim Nabuco bem compreendeu a questão: "Para nós, a raça negra é um elemento de considerável importância nacional, estreitamente ligada por infinitas relações orgânicas à nossa constituição, parte integrante do povo brasileiro". E desde logo identificou medidas necessárias à plena conquista da liberdade, como uma lei agrária, considerando a democratização do solo complementar à emancipação dos escravos: "A propriedade não tem somente direitos, tem também deveres, e o estado da pobreza entre nós, a indiferença com que todos olham para a condição do povo, não faz honra à propriedade, como não faz honra ao Estado".

Foi somente um século depois, já em 1988, que veio a Constituição encampar a proposta abolicionista, por meio do artigo 68 de suas Disposições Transitórias: "Aos remanescentes das comunidades dos quilombos que estejam ocupando suas terras é reconhecida a propriedade definitiva, devendo o Estado emitir-lhes os títulos respectivos".

Impôs-se, assim, a obrigação de o Poder Público atuar em favor daqueles descendentes dos escravos, a fim de assegurar a titularidade das terras ancestralmente ocupadas, para que não sejam privados dos meios essenciais para sua sobrevivência física e cultural.

Vinte anos após tal mandamento, em nosso Estado, de 41 comunidades quilombolas apontadas para o reconhecimento, 22 foram oficialmente declaradas, das quais 6 receberam o título de domínio de seus territórios, fruto de trabalho que vem sendo desenvolvido pelo Governo, por meio da Fundação Itesp.

O legado da escravidão, presente em diversas expressões de preconceito, desigualdade e injustiça, ainda está a demandar decidida atuação da sociedade e do Estado, em busca da efetividade dos direitos humanos.

JULHO 2008

Desenvolvimento e promoção da cidadania, também no Pontal

O Pontal do Paranapanema, região situada no extremo oeste do Estado de São Paulo, tema central da presente edição da revista *Fatos da Terra*, é foco prioritário da atuação da Fundação Itesp que, por meio da Regional de Presidente Prudente, conta com 176 servidores em seis escritórios, realiza investimentos na produção e fornece assistência técnica a 103 assentamentos situados em treze municípios, além de desenvolver trabalhos de regularização fundiária em parceria com sete Prefeituras.

Serão expedidos, até dezembro, mais de 3 mil títulos de propriedade, para regularizar a situação de pequenos posseiros em áreas urbanas e rurais, a fim de assegurar a conquista formal da própria residência familiar, viabilizando a captação de financiamentos e contribuindo para o ordenamento territorial.

A partir do ano de 2007, novas famílias poderão ter acesso à terra para dela extrair seu sustento e participar do desenvolvimento econômico regional, em áreas públicas que já estão submetidas a licenciamento ambiental e em outras que se encontram em processo de arrecadação.

As mais de 5,5 mil famílias assentadas, por sua vez, terão novos incentivos para a ampliação e diversificação da produção e o aumento da renda, através de cursos de capacitação, participação em eventos e feiras, distribuição de filhotes de animais, mudas e sementes, calcário, *kits* para irrigação por gotejamento e pastejo rotacionado, melhoria de solos, reformas e construções de equipamentos comunitários, conservação de estradas, perfuração de poços e novas redes de distribuição de água.

São 5,3 milhões de reais do orçamento da Fundação Itesp que possibilitarão tais ações, integrantes do Plano de Investimentos Estaduais no Pontal do Paranapanema, anunciado pelo Governador José Serra durante recente visita à região, em junho.

Contudo, há um problema histórico que não pode ser olvidado – a grave e complexa questão fundiária, calcada na insegurança dominial sobre vastas áreas, caracterizadas como terras devolutas estaduais mas utilizadas por particulares que delas se consideram donos, situação que se reflete na tramitação, a consumir décadas, de dezenas de ações judiciais, propostas pela Procuradoria Geral do Estado a partir de informações e levantamentos muitas vezes fornecidos pela Fundação Itesp. Completa o quadro de instabilidade a mobilização dos trabalhadores rurais sem-terra, por vezes organizados em movimentos sociais e sindicais, a despertar a atenção da opinião pública para a demanda pela democratização do acesso à terra.

Assim, o desenvolvimento pleno da região passa pelo cabal equacionamento da querela fundiária, cujo enfrentamento iniciou-se no Governo de Franco Montoro, principalmente por meio da Lei 4.957/85, avançou no período de Mario Covas, que editou o Decreto /97, e teve uma nova possibilidade aberta pela Lei 11.600/03, ao tempo de Geraldo Alckmin, tudo resultando no aproveitamento atual de mais de 100 mil hectares de terras devolutas como assentamentos rurais.

Mas falta muito, ainda, para a solução definitiva, e por isso é bem-vinda a iniciativa do atual mandatário maior paulista, que remeteu à Assembleia Legislativa Projeto de Lei que estipula a arrecadação de novas áreas ou o pagamento ao Fundo de Desenvolvimento do Pontal do Paranapanema como modo de viabilizar a regularização de grandes frações territoriais, numa proposta resultante de estudos, reuniões e discussões coordenadas pelo Secretário da Justiça e da Defesa da Cidadania, Luiz Antonio Marrey, que contou com a colaboração da Fundação Itesp.

Renova-se, portanto, a esperança de que novos horizontes se revelam possíveis, rumo à sociedade justa, fraterna e solidária apregoada pela Constituição e sonhada também pelos brasileiros do Oeste Paulista.

JUNHO 2008

A ONU e a questão fundiária

A Organização das Nações Unidas estabeleceu, no ano 2000, um conjunto de objetivos que deve servir de prioridade para os governos e as sociedades de todos os países, para a promoção do desenvolvimento e dos direitos humanos, superando injustiças e desigualdades presentes ainda no final do século XX.

Intituladas Metas do Milênio, enfocam desafios que precisam ser enfrentados para a elevação do patamar cívico da convivência humana. Assim, melhor educação, acesso à saúde, respeito ao meio ambiente e outros temas essenciais ganharam destaque mundial, e devem estimular políticas públicas implementadas pelo Estado em parceria com a sociedade.

A Meta 11 dos Objetivos de Desenvolvimento do Milênio estabelece "ter alcançado até 2020 uma melhora significativa na vida de pelo menos 100 milhões de habitantes de assentamentos precários". Apregoa, pois, a melhoria da qualidade de vida das pessoas que moram em condições indevidas, prevenindo situações de informalidade e precariedade e promovendo regularização fundiária.

O propósito consiste em desenvolver ações concretas que proporcionem segurança jurídica a moradia de famílias pobres, procurando meios capazes de inserir na legalidade grandes contingentes populacionais que hoje vivem na informalidade, com posses precárias, favelas, loteamentos clandestinos, áreas de risco ou outras situações inadequadas.

Para estímulo e acompanhamento ao cumprimento da Meta, foi incumbido o Programa das Nações Unidas para os Assentamentos Humanos

– UN Habitat, organismo internacional reconhecido pelo Brasil cuja sede para a América Latina e Caribe fica na cidade do Rio de Janeiro. Sua Diretora, Dra. Cecília Martinez Leal, assinou, em São Paulo, no mês de fevereiro, Protocolo de ação conjunta com o Itesp e a Secretaria da Justiça e da Defesa da Cidadania, para a prevenção e regularização da informalidade fundiária em nosso Estado.

Em paralelo às ações de regularização fundiária, há necessidade de iniciativas do Poder Público para dotar tais espaços de infraestrutura básica, com saneamento, água tratada, energia elétrica, coleta de lixo, limpeza de espaços públicos, bem como viabilizar transporte coletivo, acesso à educação, à saúde, à justiça. Tudo para que não haja territórios desprovidos da presença estatal e segregados das conquistas da cidadania.

MARÇO 2008

As invasões dos sem-terra

Todo ano, desde a redemocratização brasileira, na década de 80, ocorrem ocupações de fazendas promovidas por movimentos de trabalhadores rurais sem-terra. O ponto comum das mobilizações é a reivindicação pela reforma agrária – a redistribuição das terras, para contemplar as famílias do campo que buscam trabalho e renda a partir do cultivo do solo e da criação de animais.

Movimento político, que denuncia a concentração fundiária – poucos com vastos horizontes ociosos, muitos sem nenhuma perspectiva de futuro na zona rural – e cobra do Poder Público o cumprimento do mandamento constitucional, o qual prevê a realização da reforma agrária e estabelece a função social da propriedade.

Muitas vezes valem-se de métodos controversos e arriscados, que rompem os limites da legalidade e sujeitam seus líderes a processos criminais, e seus participantes a situações de conflitos, por vezes armados, com fazendeiros, capatazes, policiais ou militantes de movimentos concorrentes.

Infelizmente, abusa-se de expediente calcado na força, que pode resultar em violência, mas gera manchetes e atrai a atenção da mídia, enquanto pouco se aproveita dos mecanismos previstos na democracia, como a realização de debates, de atos públicos pacíficos, de manifestações pelos diversos meios de comunicação, de ações simbólicas e outras formas de reivindicação respeitadoras do Estado de Direito.

Quando a fazenda é particular e improdutiva, cobra-se do Incra, órgão federal, sua desapropriação para destinação à reforma agrária; se a propriedade estabeleceu-se em terras devolutas, demanda-se sua arrecadação pelo Itesp, órgão estadual, para aproveitá-la em prol da coletividade, como assentamento estadual.

Em São Paulo, desde Franco Montoro – com destaque no período de Mario Covas – o Governo do Estado, por meio da ação do Itesp, vem cumprindo com seu papel, arrecadando as áreas consideradas devolutas, ou seja, terras que devem ser devolvidas (daí "devolutas") ao Estado por não terem sido legitimamente apropriadas por particulares, que as utilizam com base em títulos e documentos com vício de origem, o chamado "grilo".

Assim, mais de 6,5 mil famílias paulistas encontram-se, hoje, em 127 assentamentos estaduais. No ano passado foram arrecadadas mais 2 áreas para novos assentamentos, e outras 4 fazendas já têm seus respectivos projetos de assentamento submetidos ao devido licenciamento ambiental.

Preocupa, contudo, a utilização da bandeira da reforma agrária como pretexto para outras finalidades, relacionadas a disputas por poder, prestigio e recursos financeiros, bem como a interesses partidários que afloram em ano eleitoral e não hesitam em manipular famílias desesperançadas.

FEVEREIRO 2008

Cadastro de terras e promoção da cidadania

A situação fundiária brasileira, em seu aspecto jurídico, é marcada, ainda hoje, pela indefinição dominial de extensas áreas, com incerteza quanto ao titular do direito de propriedade – se o Poder Público ou o particular, e pela ampla carência de registro formal, lastreado em títulos válidos, como também há frequentes discrepâncias entre limites e dimensões de imóveis com escritura pública.

O caos fundiário favorece a ilegalidade, estimula litígios, dificulta o correto aproveitamento da terra e inibe o desenvolvimento. O equacionamento de tais questões interessa a toda a sociedade e, por óbvio, também aos diretamente envolvidos nas hipóteses sintetizadas, na medida em que evitaria conflitos entre vizinhos e propiciaria segurança jurídica aos titulares de direitos.

Pesquisa realizada pelo Instituto de Registro Imobiliário do Brasil aponta que dois terços das propriedades, em todo o País, demandam regularização fundiária, sendo que mais de oitenta por cento dos imóveis rurais, em específico, precisam adequar-se à legislação vigente, a exigir limites definidos com precisão tecnológica, obtida por georreferenciamento, para as futuras transferências dominiais registradas em cartório.

No Estado de São Paulo, o Itesp, fundação pública ligada à Secretaria da Justiça e da Defesa da Cidadania, vem enfrentando o desafio da legalização territorial, promovendo ações conjuntas com Municípios, Cartórios, Poder Judiciário, Ministério Público e Procuradoria do Estado, as quais já permitiram, por meio do programa Minha Terra, a expedição de mais de 20 mil títulos de propriedade, em benefício de famílias de pequenos posseiros rurais e de moradores de bairros urbanos carentes.

Nova e ampla frente de ação se anuncia, agora: trata-se do Programa de Cadastro de Terras e Regularização Fundiária do Brasil, iniciativa da Secretaria de Reordenamento Agrário, do Ministério do Desenvolvimento Agrário, em parceria com os órgãos estaduais de terras e o Banco Interamericano de Desenvolvimento, a fim de constituir um cadastro nacional, georreferenciado, dos imóveis rurais, para garantir segurança jurídica e saneamento do sistema de registro público.

Os trabalhos se iniciam no dia 19 de outubro, em Registro, envolvendo doze municípios do Vale do Ribeira, e no dia 26, em Capão Bonito, com de-zessete Municípios do Alto Vale e Região Sudoeste, com a presença do Secretário de Estado da Justiça e da Defesa da Cidadania, Luiz Antonio Marrey.

Esperam-se atingir 26 mil imóveis rurais em 29 Municípios do Vale do Ribeira e Região Sudoeste, numa vasta dimensão territorial caracterizada por reservas e parques florestais, por um lado, e muitos pequenos imóveis em que se pratica a agricultura familiar, por outro.

A participação de todos é fundamental ao êxito desta política pública, voltada à promoção da cidadania e da segurança para quem já tem raízes na terra.

OUTUBRO 2007

Em defesa do meio ambiente

Aquecimento global, aumento do efeito estufa, desmatamento e queimadas, poluição do ar e da água, domínio da monocultura: eis alguns dos importantes temas que revelam a dimensão atual da preocupação ambiental. A humanidade parece despertar, ainda que lentamente, da inércia devastadora, mas muito precisa ser feito para a alteração da alarmante situação, desde mudanças de comportamentos individuais até a implementação de políticas públicas e de novas estratégias globais.

O Dia da Árvore e o início da primavera configuram um momento simbólico propício ao semear de ideias transformadoras, ao cultivo de boas práticas, ao florescimento de iniciativas consequentes, capazes de vivificar ambientes degradados e de colorir o mais sombrio dos horizontes.

O Mutirão Verde, lançado pelo Governador José Serra, engaja os órgãos estaduais na recuperação e preservação ambiental, e convida a população a participar de ações e reflexões sobre a natureza. A Secretaria de Meio Ambiente apresenta um decálogo de sugestões práticas: plante árvores, cuide das árvores plantadas, ofereça carinho às plantas, denuncie o desmatamento, organize reuniões em defesa do meio ambiente, exija mais praças, adote uma árvore, reze pela natureza, cuide dos vasos, vista verde.

A Fundação Itesp também faz a sua parte, ao assimilar os preceitos preservacionistas no desempenho de sua missão agrária e fundiária, realizando o licenciamento ambiental de seus empreendimentos, respeitando a legislação ambiental no desenvolvimento dos trabalhos de regularização fundiária, estimulando a conscientização e a educação dos assentados e quilombolas, incentivando a agricultura familiar e a agroecologia, buscando contribuir para a recuperação de áreas devastadas.

Como ação efetiva a demonstrar tal compromisso, programou-se o plantio simultâneo de oito mil mudas de árvores nativas no Pontal do Paranapanema, oeste paulista, em áreas de preservação permanente localizadas no interior dos assentamentos. São cedros, ipês, tamboris e perobas, entre ou-tras espécies, que passarão a integrar a paisagem de beiras de rios e barragens daquela região, numa ação integrada entre profissionais da assistência técnica e extensão rural, pequenos agricultores e seus familiares, alunos e professores, unidos pelo ideal comum que deve a todos animar, a fim de melhorar o presente e assegurar o futuro das novas gerações.

SETEMBRO 2007

ESCOLA PÚBLICA NA COMUNIDADE QUILOMBOLA
DE ANDRÉ LOPES, EM ELDORADO

A reforma agrária paulista

Impulsionada por Franco Montoro, nos ventos benfazejos da redemocratização brasileira, a implementação da política pública de assentamentos de trabalhadores rurais em terras estaduais vem marcando, há mais de duas décadas, a contribuição efetiva de São Paulo no sentido da realização da reforma agrária, atribuição federal apregoada pela Constituição.

Mediante a propositura de ações judiciais para discriminar as terras públicas e reivindicá-las, bem como por meio da edição de normas estaduais específicas, viabilizou-se a celebração de acordos para arrecadação de imóveis a fim de assentar famílias, além da destinação de áreas rurais integrantes do patrimônio estadual, contemplando o interesse social.

A realização deste novo empreendimento bandeirante, se não teve o pioneirismo do desbravamento de territórios outrora desconhecidos, permitiu o aproveitamento de recursos fundiários antes ociosos, ocupados indevidamente ou utilizados em descompasso com os imperativos republicanos, descortinando novos horizontes para a produção rural e alargando a promoção da cidadania no campo.

Ao abrir possibilidades novas de acesso à terra, em prol de pequenos produtores rurais, estimulou, ainda, a agricultura familiar, modalidade produtiva voltada principalmente ao abastecimento alimentar e calcada na autogestão pelo núcleo familiar, tradicionalmente difundida no desenvolvido continente europeu.

Assim, 127 projetos de assentamentos estaduais foram implantados, beneficiando 6,5 mil famílias em quase 142 mil hectares de terras devolutas, áreas que continuam no domínio estatal, sendo utilizadas conforme termo de permissão concedido pelo Estado após processo seletivo público.

Somam-se outros 41 assentamentos promovidos pelo Incra, a maioria ao tempo da Presidência de Fernando Henrique Cardoso, para compor o total de 168 núcleos agrários, congregando mais de 10 mil famílias, que contam com investimentos e assistência técnica do Itesp, fundação pública estadual vinculada à Secretaria da Justiça e da Defesa da Cidadania.

Os desafios ao desenvolvimento rural sustentável, que não são poucos, as prementes demandas dos movimentos sociais e a frequente eclosão de conflitos fundiários realçam a dimensão e a atualidade da questão, cuja solução deve sempre ser buscada nos parâmetros do Estado Democrático de Direito.

SETEMBRO 2007

discur-sos

Gustavo Ungaro – Diretor Executivo da Fundação Itesp
Sessão Solene em Comemoração aos 10 Anos da Fundação Itesp
Plenário Juscelino Kubitschek da Assembleia Legislativa do Estado de São Paulo

03.04.09

Excelentíssimo Senhor Deputado Estadual Barros Munhoz, Presidente da Augusta Assembleia Legislativa;
Excelentíssimo Senhor Secretário de Estado da Justiça e da Defesa da Cidadania, Doutor Luiz Antonio Guimarães Marrey, neste ato representando o Governador José Serra;
Excelentíssimo Senhor Ministro do Superior Tribunal de Justiça, Doutor Massami Uyeda;
Excelentíssimos Senhores Desembargadores do Tribunal de Justiça do Estado de São Paulo, Doutor José Renato Nalini e Doutor Álvaro Lazzarini;
Excelentíssimo Senhor Deputado Estadual Samuel Moreira, propositor da presente Sessão;
Excelentíssimo Senhor Deputado Estadual e Secretário Municipal Ricardo Montoro;
Excelentíssimo Senhor Subdefensor Público Geral do Estado, Doutor Vittore Maximiliano;
Ilustríssimos Senhores Ex-Secretários da Justiça e da Defesa da Cidadania, Doutor Belisário dos Santos Jr. e Doutor Edson Luiz Vismona;
Ilustríssimos Senhores Ex-Deputados Estaduais Fernando Leça, Presidente do Memorial da América Latina, Ary Fossen, Subprefeito de Perus, Rosmary Correa, Presidente do Conselho Estadual da Condição Feminina, Tonca Falsetti, Assessor da Secretaria de Estado da Casa Civil;
Senhores Prefeitos, Vereadores, Lideranças sociais e sindicais, Produtores rurais assentados, Quilombolas, Beneficiários da regularização fundiária, Servidores, ex-Diretores e Dirigentes da Fundação Itesp, demais colegas de Governo do Estado, Senhoras e Senhores;

Comemorar a criação de instituição pública voltada à promoção da cidadania por meio do acesso à terra é valorizar função essencial do Estado.

A clássica concepção do Estado Moderno associa a própria justificativa da existência do aparato público à sua vinculação com a garantia da vida humana, tornando possível a convivência em sociedade pela mediação e coordenação de tarefas assumidas pelo ente coletivo. Nesse contexto, a noção de propriedade revela o relacionamento necessário entre o homem e a terra, sendo esta imprescindível à sobrevivência daquele.

O elemento territorial, essencial à caracterização do fenômeno estatal, é revestido de grande relevância também no plano conceitual: para John Locke, o pacto fundador da vida política tem por finalidade assegurar a propriedade, que congrega a vida, a liberdade e os bens, visão contratualista também partilhada por Jean-Jacques Rousseau e aperfeiçoada por Montesquieu, que apregoa a repartição dos poderes para que a liberdade individual e a propriedade não sejam esmagadas pela força soberana, num propósito garantidor das condições de vida em sociedade muito realçado por Tocqueville e Stuart Mill, ao valorizarem a democracia como modo de conciliação do desenvolvimento da igualdade com a preservação da liberdade.

As melhores lições de filosofia e ciência política realçam, pois, o elevado papel do Estado em disciplinar e cuidar da apropriação e do uso da terra como garantia da vida humana, verdadeira condição para o progresso social.

A propriedade, assim, não é fim em si própria, mas meio para a vida em sociedade, abrigando a moradia familiar, sendo utilizada como fonte de produção e renda, servindo como espaço para as múltiplas formas de satisfação dos direitos fundamentais.

O Direito Constitucional brasileiro, pela Carta Cidadã de 88, assinala a finalidade de assegurar a todos existência digna, conforme os ditames da justiça social, e apregoa a função social da propriedade, estabelecendo a política de reforma agrária. Em sintonia com a Lei Maior, a Constituição Paulista, de 1989, abarca a competência para a política agrária e fundiária, dentre outras, compreendendo a orientação ao desenvolvimento rural, o aumento da produção, a ocupação estável do campo e a manutenção de estrutura de assistência técnica e extensão rural.

O protagonismo paulista na seara agrária e fundiária, com a assunção, pelo Governo do Estado, do papel indutor do ordenamento territorial, mediante ações de incentivo à ocupação humana e ao desenvolvimento regional, remonta ao início do século passado e mesmo antes, por meio da atuação da antecessora remota da Fundação Itesp, a então Directoria de Terras, Colonização e Immigração, que era o órgão público estadual que recebia os imigrantes – inicialmente italianos, há 120 anos, e japoneses, já há mais de 100 anos –, indicando fazendas a serem colonizadas, nas diversas regiões do território bandeirante, bem como acompanhando a fixação das famílias estrangeiras desbravadoras, com relatórios periódicos sobre produção agrícola e outros dados relevantes. Talvez tenham sido os primeiros assentamentos rurais impulsionados pelo Estado.

Mais recentemente, na década de 60, a criação da Assessoria de Revisão Agrária, transformada em Assessoria Técnica de Revisão Agrária na década de 70, buscou incentivar a exploração racional e econômica da propriedade rural e inaugurou a sucessão de órgãos públicos estaduais que levaram à criação, na década de 80, do Instituto de Assuntos Fundiários, que originou a Secretaria de Estado de Assuntos Fundiários, composta por duas áreas fundamentais: o Departamento de Assentamento Fundiário e o Departamento de Regularização Fundiária. Em 1991 os dois Departamentos, que haviam sido separados e respectivamente vinculados às Secretarias da Agricultura e da Justiça, são novamente incorporados, agora pela criação do Instituto de Terras do Estado – Itesp, coordenadoria integrante da Secretaria da Justiça e da Defesa da Cidadania.

O passo decisivo para a consolidação institucional da entidade especializada em política agrária e fundiária se dá, finalmente, há 10 anos, com a Lei Estadual nº 10.207, de 8 de janeiro de 1999, que institui a Fundação Instituto de Terras do Estado de São Paulo "José Gomes da Silva", ostentando, ao atingir o ponto culminante de toda a trajetória histórica, o nome do atuante Secretário do Governo Franco Montoro que afirmou: "O acoplamento da Reforma Agrária com uma sólida política de estímulo à Propriedade Agrícola Familiar poderá constituir a base física de uma verdadeira democratização da posse e do uso da terra no Brasil".

A criação da Fundação atendeu à crescente demanda pela atuação do Estado na promoção do desenvolvimento agrário e fundiário, que levava à necessidade de condições executivas e esforços profissionais para além dos disponíveis na coordenação então existente, gerando dependência de convênios e contratações provisórias e precárias, situação definitivamente superada com a instituição, por Lei – graças à decisão do Parlamento Paulista – da entidade renovada e fortalecida, com plenas condições operacionais, dotada de patrimônio próprio e quadro efetivo de pessoal concursado, multidisciplinar e bastante ampliado, estando apta para avançar no cumprimento de sua elevada missão.

Hoje, a Fundação Itesp atua diretamente em 127 municípios, com seus 600 servidores distribuídos em 24 escritórios nos campos e cidades por todas as regiões do Estado, e pode se orgulhar do que ajudou a construir, mudando para melhor a vida de tantos brasileiros:

- em 172 assentamentos assistidos, mais de 10,2 mil famílias que deixaram a pobreza extrema para conquistar a vida digna da produção rural;
- mais de 25 mil famílias que receberam os títulos de propriedade de suas moradias, livrando-se da insegurança para fruir da tranquilidade decorrente do domínio pleno do próprio lar;
- mais de mil famílias de descendentes de antigos escravos, em 23 comunidades, agora oficialmente reconhecidos como quilombolas, cidadãos detentores do direito sobre as terras tradicionalmente ocupadas pelos ancestrais que resistiram à escravidão.

No momento em que o País desperta para a importância da regularização fundiária – que é uma amazônica demanda em todos os Estados da Federação, pois sem segurança jurídica e ordenamento territorial não há desenvolvimento sustentável; no momento em que os remanescentes dos quilombos começam a ter voz e vez; neste ano de 2009 em que 81% dos prefeitos paulistas, representantes recém-eleitos da população, manifestam apoio à reforma agrária; nesta Sessão Legislativa aberta pela Mensagem do Governador José Serra que assinalou os bons resultados da regularização fundiária e do reconhecimento de novas comunidades quilombolas; é esta auspiciosa quadra a encontrar o Itesp completando sua primeira década.

Mapeando, estudando, georreferenciando, pesquisando, qualificando, reconhecendo, cultivando, administrando, valorizando, titulando, defendendo, promovendo, desenvolvendo – assim são conjugados, na gramática agrária e fundiária, os verbos da cidadania, que têm por sujeitos profissionais dedicados, voltados ao objetivo maior da transformação da realidade, a fim de que os predicados da justiça e da solidariedade prevaleçam.

De Rosana, no extremo oeste, a São José do Barreiro, no Vale do Paraíba, e de Itapirapuã Paulista, no alto Ribeira, a Restinga, no extremo norte, o território brasileiro em nosso Estado é cruzado por linhas imaginárias pontilhadas pelo trabalho para quem mais precisa, mesmo nos locais mais remotos, em parceria com os poderes locais e os movimentos sociais, de forma participativa e emancipatória, sem manipulação demagógica de pessoas pobres para finalidades escusas, rechaçando a violência que tenta corroer as bases do Estado Democrático de Direito.

Há que se recolher as lições da história, os bons exemplos deixados por tantos, manter acesa a chama da indignação com as injustiças e as desigualdades e, com ela crepitando, aquecer os sentimentos e aumentar a energia para o que ainda precisa ser feito no rumo de um outro mundo possível.

A melhor forma de comemorar o caminho trilhado na direção certa é seguir em frente, superar os obstáculos e mirar o horizonte de novos assentamentos em implantação, melhores condições de vida para os assentados e quilombolas, mais famílias contempladas com o título de propriedade de suas moradias, novos servidores incorporando-se ao time da terra.

Nós, que trabalhamos no Governo do Estado, na Fundação Itesp, fomos brindados pela oportunidade de servir ao próximo pelo bom desempenho profissional, por meio do labor cotidiano.

Assim como na imagem bíblica o Criador, ao apanhar do chão e moldar o barro faz surgir, com Seu sopro, a vida, também aqueles que se dedicam à gestão da terra podem, com seus gestos e com suas inspirações, transformar a realidade e bafejar vida nova a quem aspira concretizar os sonhos mais singelos e belos.

Parabéns a todos os que cultivam sonhos semeando a vida.

ABRIL 2009

REFLORESTAMENTO NA ZONA DO PONTAL

Ventos de esperança: reforma agrária, democracia e paz

Posse do Diretor Executivo
Espaço da Cidadania André Franco Montoro, 16 de Janeiro de 2007

Excelentíssimo Senhor Secretário de Estado Adjunto da Justiça e da Defesa da Cidadania, Doutor Izaías José de Santana;
Excelentíssimo Senhor Desembargador José Renato Nalini, Membro do Órgão Especial do Tribunal de Justiça de São Paulo e Presidente da Academia Paulista de Letras;
Excelentíssimo Senhor Ministro José Gregori, Presidente da Comissão Municipal de Direitos Humanos de São Paulo;
Excelentíssimo Senhor Deputado Estadual João Caramez;
Excelentíssimo Senhor Prefeito de São José dos Campos, Doutor Eduardo Cury;
Excelentíssimos Senhores Secretários Adjuntos da Segurança Pública, do Meio Ambiente, da Agricultura, do Emprego e Relações do Trabalho e da Procuradoria Geral do Estado;
Ilustríssimos Ex-Secretários da Justiça e da Defesa da Cidadania, Doutores Belisário dos Santos Jr., Edson Luiz Vismona e Eunice Prudente;
Ilustríssimos Dirigentes da Fundação Casa, Fundação Procon, Ipem, Imesc e Fundação Memorial da América Latina;
Ilustríssimos Representantes dos Trabalhadores Rurais Assentados e das Comunidades Quilombolas;
Prezados Colegas Servidores da Fundação Itesp;
Meus estimados familiares, minha querida esposa;

Senhoras e Senhores;

A vivência dos primeiros anos do novo milênio permite constatar que, dos temas fundamentais para a humanidade, alguns se alteram, pois seus propósitos já foram alcançados, saindo então da agenda de desenvolvimento nacional e sendo substituídos por novas questões, ao passo que outros permanecem presentes, continuando a demandar esforços conjuntos da sociedade e do poder público para sua plena realização. Dentre estas aspirações essenciais, cujos resultados estão por ser completados, inclui-se a reforma agrária.

Tema candente, despertador de paixões e animador de revoluções, a reforma agrária remanesce como desafio do presente e do futuro próximo de nosso País e de nosso Estado, como um consagrado modo de aproveitamento adequado dos recursos naturais e como medida de aperfeiçoamento democrático, a conferir efetividade aos direitos sociais por meio do acesso à terra e da possibilidade de nela viver e produzir.

Ademais, estimula a agricultura familiar e propicia formas de produção ambientalmente sustentáveis, apresentando-se como alternativa ao modelo cujos vícios e consequências foram bem apontados por Sérgio Buarque de Holanda, em *Raízes do Brasil*, configurando o aspecto negativo da herança rural brasileira: suporte no trabalho escravo, hipertrofia da lavoura latifundiária de tipo predatório, ausência de associação entre os elementos empreendedores, patriarcalismo como expressão da soberania pública do chefe familiar privado.

A superação do subdesenvolvimento, para que não predomine a construção interrompida do Brasil, foi defendida por Celso Furtado na forma de um desafio para o século XXI, consistente em estabelecer novas prioridades para a ação política em função de uma renovada concepção do desenvolvimento, posto ao alcance de todos os povos e capaz de preservar o equilíbrio ecológico.

Assim, a economia solidária e a agricultura familiar podem funcionar como alavanca do desenvolvimento rural, proporcionando o almejado desenvolvimento territorial integrado e sustentável.

Ignacy Sachs, ao analisar o "Desenvolvimento humano, trabalho decente e o futuro dos empreendedores de pequeno porte no Brasil", alerta para o risco contido na expansão ilimitada da agropecuária patronal mecanizada e exportadora, com redução drástica de produtores rurais, que pode provocar catástrofe social e ambiental, e desenha o cenário desejável e possível: o do desenvolvimento rural sustentável, em que a agricultura familiar desempenha papel central, embora não único. E neste cenário a reforma agrária é peça fundamental.

Estudos recentes apontam resultados positivos da reforma agrária: melhoria da condição de vida dos assentados, diversificação da produção e dos canais de comercialização, criação de empregos, maior participação política.

No plano do ordenamento jurídico, a Constituição Federal dedicou o Capítulo III do Título da Ordem Econômica e Financeira às diretrizes da Política Agrícola e Fundiária e da Reforma Agrária, estabelecendo, no art. 184, que "compete à União desapropriar por interesse social, para fins de reforma agrária, o imóvel rural que não esteja cumprindo sua função social, mediante prévia e justa indenização (...)".

A Carta Maior assinala, portanto, o dever de promoção da reforma agrária pelo Governo Federal, incumbido da desapropriação e do pagamento da indenização devida, e a Constituição Paulista dispõe sobre a ação dos órgãos estaduais na elaboração e execução de planos de desenvolvimento agrários e fundiários, contemplando os assentamentos decorrentes da reforma agrária.

É neste quadro, pois, que se insere como protagonista a Fundação Instituto de Terras do Estado de São Paulo, incumbida de planejar e executar as políticas agrária e fundiária no âmbito estadual, arrecadando terras públicas para a promoção de assentamentos, promovendo assistência técnica, viabilizando o reconhecimento e a titulação das comunidades quilombolas, mediando conflitos, buscando o desenvolvimento humano e social por meio do acesso à terra, com oferecimento de condições para a produção.

Precedido pelo Instituto de Assuntos Fundiários, criado no Governo Franco Montoro pelo então Secretário da Agricultura, José Gomes da Silva, funcionou em seguida como Secretaria de Estado de Assuntos Fundiários, para depois dar lugar ao Instituto de Terras, criado em 1991, e posteriormente, em 1999, transformado finalmente em Fundação pública vinculada à Secretaria da Justiça e da Defesa da Cidadania.

Conheci o Itesp em 1995, como estagiário na Assessoria de Defesa da Cidadania desta Pasta, e desde logo percebi a beleza e a grandeza de sua missão institucional. Como Secretário Adjunto, em 2000 e 2001, no Governo Mario Covas, pude acompanhar sua gênese na nova roupagem institucional, que buscou conferir-lhe melhor estruturação para o desempenho de sua finalidade, essencialmente promotora de cidadania. Integrei seu Conselho Curador e coordenei grupo de trabalho referente às comunidades quilombolas, descobrindo novas faces da realidade paulista.

Hoje, a Fundação Itesp é um dínamo imprescindível ao desenvolvimento do campo: dá assistência técnica a mais de 10 mil famílias em 168 assentamentos, abre estradas, perfura poços, distribui calcário, adubo, sementes e mudas, entrega títulos de domínio em áreas rurais e urbanas, subsidia ações judiciais, fornece *kits* de irrigação, promove o reflorestamento, implanta hortas, promove cursos de capacitação, elabora publicações especializadas, constrói equipamentos comunitários e presta serviços de engenharia.

Se é certo que uma instituição tem seu maior valor na qualidade de seus integrantes, então a Fundação Itesp é privilegiada por contar com seiscentos e quarenta e quatro servidores dedicados, especializados nas suas respectivas áreas de atuação, e espalhados pelo território bandeirante, na sede, à Avenida Brigadeiro Luiz Antonio, nas sete coordenadorias regionais – em Araras, Taubaté, Pariquera-Açu, Sorocaba, Presidente Prudente, Andradina e Araraquara – e nas dezenas de grupos técnicos de campo, numa ampla rede de profissionais militantes unidos pela causa comum de atender aos que mais precisam da ação pública.

Bem disse Belisário dos Santos Jr.: "Estão, todos, cultivando sonhos. Estão ampliando fronteiras e expandindo a cidadania, e demonstrando que a reforma agrária é muito mais do que distribuir a terra. É propiciar aos trabalhadores rurais o direito ao desenvolvimento, a um projeto de vida. É assunto que ultrapassa, portanto, a nossa geração".

Ao me associar a este valoroso time, religo-me, diretamente, ao tema que predominou a ação política do Centro Acadêmico "XI de Agosto" no ano em que me incumbiu presidi-lo; período em que as paredes de pedra do templo do Direito situado no Largo de São Francisco foram o cenário venerável da acolhida dos estudantes aos movimentos sociais de luta pelo acesso à terra.

Assumo a Direção Executiva da Fundação Itesp em um momento especial para nosso Estado. Tenho absoluta convicção de que o Governo José Serra será marcado por formulação inteligente e desenvolvimento eficiente das políticas públicas, no marco dos princípios republicanos e dos valores da social democracia. A Justiça e Defesa da Cidadania encontra-se sob a gestão de um Secretário de Estado que, antes mesmo de assumir o elevado posto executivo, já se consagrou no universo jurídico-político e é reconhecido por todos como destacado defensor da sociedade e zeloso perseguidor do interesse público, com atuação a revelar as virtudes próprias do Estado Democrático de Direito.

O Plano de Metas da Fundação Itesp já está delineado:
1. intensificar a regularização fundiária: em 2007, entregar mais de 4 mil títulos de domínio em duas dezenas de municípios paulistas;
2. buscar mais terras para a reforma agrária: arrecadar imóveis, com recursos federais, para novos assentamentos;
3. avançar no reconhecimento e titulação das comunidades quilombolas;
4. implementar políticas de desenvolvimento junto aos produtores rurais assentados e quilombolas: ações de desenvolvimento humano, de produção familiar, de infraestrutura e meio ambiente;
5. promover formação e capacitação de assentados e servidores da Fundação;
6. aprimorar a comunicação interna e externa, aumentando a visibilidade e o respaldo social às ações da Fundação;
7. adotar medidas administrativas, jurídicas, financeiras e tecnológicas, tendo em vista o fortalecimento da Fundação.

Para tanto, as parcerias são fundamentais, tanto no âmbito público – com Secretarias de Estado e seus órgãos, Universidades, Municípios, Governo Federal – como na esfera não governamental – com movimentos sociais, entidades civis, associações – e também com a iniciativa privada.

Junto ao Poder Judiciário, fiel depositário das melhores expectativas da coletividade, busca-se o deslinde de ações judiciais necessárias à arrecadação das terras públicas, por meio da competente atuação da Procuradoria Geral do Estado, bem como o equacionamento referente ao concurso público, capaz de resguardar a continuidade da prestação dos serviços e afastar a insegurança jurídica que acomete os integrantes da Fundação.

No mesmo sentido, a firme disposição em colaborar com o Poder Legislativo, legítimo representante da população de nosso Estado.

Encontro-me profundamente sensibilizado por participar desse processo de realização da justiça e promoção da cidadania. Agradeço ao Secretário Luiz Antonio Guimarães Marrey pelo honroso convite, ao Conselho Curador pela aprovação unânime e ao Governador José Serra pela pronta nomeação.

Ao finalizar, peço licença para dedicar a alegria deste momento a quem me proporcionou vivê-lo – Maria Regina Gonçalves Ungaro, incansável engenheira agrônoma que vem fazendo de sua vida profissional, no Instituto Agronômico de Campinas, e acadêmica, na Universidade de São Paulo, um iluminado caminho de pesquisa, desenvolvimento e difusão do cultivo de uma planta singular, que leva no nome o movimento pautado pelo astro maior do universo: o girassol.

E que todos nós, integrantes da Fundação Itesp, tenhamos na bela imagem do girassol o paradigma da permanente busca da luz, com raízes bem fincadas no solo fértil do trabalho em equipe, e vibrantes folhas a colher os ventos da esperança nos frutos que a todos beneficiarão.

JANEIRO 2007

A construção da cidadania: um desafio contínuo

Reafirmação: Encontro de Integração dos funcionários – Itesp 2001
Palestra proferida pelo secretário adjunto da Secretaria da Justiça e da Defesa da Cidadania, Gustavo Gonçalves Ungaro

Boa-tarde a todos, quero saudar nosso Secretário Dr. Edson Vismona; a responsável maior hoje pelo Itesp, Dra. Tânia Andrade; Dr. Mattielo; Dr. Belisário, enfim, é uma grande satisfação e eu agradeço a comissão que organizou este evento e me disponibilizou esta oportunidade de dividir algumas reflexões, colocar algumas considerações sobre um tema tão importante para nós todos e em especial poder fazer isto ao lado do Dr. Belisário é sempre uma grande honra, algo que toca fundo em cada um que tenha essa oportunidade também.
Quero também aproveitar a oportunidade para cumprimentar todos vocês e todas vocês que passaram no concurso de ingresso à Fundação Itesp, e que hoje dão corpo a um órgão tão importante no Estado de São Paulo. Quero registrar meu cumprimento, meus parabéns a todos e a cada um de vocês.

Falar do tema cidadania para pessoas que estão integrando um órgão que trata com a questão agrária e fundiária no Estado de São Paulo, do Instituto de Terras do Estado de São Paulo, pressupõe a compreensão da realidade em que estamos inseridos hoje e para isso quero inicialmente compartilhar uma reflexão crítica sobre essa nossa realidade. Temos que manter um pé nessa realidade, dar o passo, avançar, mas sempre com essa capacidade de indignação – para lembrar meu professor Fábio Comparato, mantendo-a sempre como uma chama viva dentro de cada um.

Como uma medida de respeito, é sempre interessante sabermos com quem estamos falando. Eu me apresento: sou bacharel em Direito, pela Universidade de São Paulo – Largo São Francisco; fiz também a Escola de Governo de São Paulo; trabalhei um ano na advocacia privada e desde 1995, com algumas intermitências, participo da Secretaria da Justiça e da Defesa da Cidadania. Comecei em 1995 como estagiário na Secretaria, depois passei pelos níveis de assistente técnico, fui assessor do Gabinete do Secretário, dirigente da Assessoria de Defesa da Cidadania; passei um período na Secretaria de Estado dos Direitos Humanos do Ministério da Justiça e tive a honra de assumir como Secretário-Adjunto, cargo que me honra ocupar desde julho de 2000; completo agora um ano. É uma grande satisfação, tenho muito orgulho desses passos percorridos e hoje, em especial, essa caminhada culmina com a oportunidade de me irmanar a todos vocês.

Falando em cidadania e iniciando por uma reflexão crítica da nossa realidade, vamos falar muito de igualdade e de justiça. Precisamos ter claro que nossa realidade é marcada por desigualdades que remontam às nossas próprias raízes históricas. Somos fruto de um desenvolvimento injusto, em que a base da nossa economia se valeu do trabalho escravo, da exploração do índio, da exploração irresponsável dos recursos naturais e isso tudo, o legado desse desenvolvimento injusto, nós vivemos ainda hoje. Essa realidade da concentração da renda, dos meios de produção e da terra, isso como que expressa bem a profundidade de nossa desigualdade e coloca nosso país como o mais desigual do mundo.

Também, infelizmente, vivemos em uma sociedade que se pauta por preconceitos – de cor, de gênero, de raça, de origem social. As pessoas são discriminadas em virtude dessas características. As diferenças não são valorizadas; muitas vezes, elas são causa para a marginalização, para um tratamento pejorativo.

Um país que convive com uma pobreza extrema, contraposta com a riqueza de poucos. A nota de nossa desigualdade é essa: pouca gente muito rica e muita gente muito pobre. Como reflexo disso, a enormidade de nossas carências socioeconômicas, as carências na área de moradia, de emprego, de saúde. A população clama por políticas que atendam às suas necessidades básicas, elementares.

Há o quadro das injustiças que começa pela própria ignorância em relação ao Direito. Todo estudante de Direito percebe quão difícil é se inteirar das leis, das regras que regulam nossa vida em sociedade. A linguagem é uma barreira. Na própria faculdade, percebemos quão difícil é entender os textos jurídicos. Às vezes, o Direito é desconhecido para a maioria da população, que não sabe quais são os seus direitos, suas garantias, como exercitar a sua cidadania. Isso é uma falta de consciência de cidadania, que começa por barreiras que aos poucos são construídas e que tornam o Direito, que deveria ser algo do conhecimento de todos, porque faz parte, influencia a vida de todos, torna-se algo distante.

O acesso à Justiça é deficiente. As pessoas têm dificuldades para fazer valer os seus direitos. Têm dificuldades para chegar até a Justiça e resolver um problema, solucionar um conflito dentro da ordem. A Justiça às vezes está distante geograficamente. Às vezes também as pessoas não sabem quais instrumentos estão à sua disposição, quais direitos lhes pertencem. O acesso à Justiça é um problema em nosso país.

A sensação de impunidade, com escândalos e denúncias, especialmente neste momento; nós vivemos um momento republicano complicado, em que a nossa Casa Maior do Parlamento, o Senado, onde há a representação dos Estados – algo essencial para uma Federação – está abalada por denúncias contra alguns senadores; o próprio presidente da instituição está se defendendo de inúmeras denúncias. É um momento ruim, e ainda que tenhamos algum alento no sentido de que felizmente esses escândalos estão vindo à tona, ao conhecimento das pessoas, senadores foram cassados, renunciaram para não ser cassados, ainda assim fica uma sensação de uma injustiça, um incômodo.

De outro lado, há a sensação de insegurança decorrente da violência; isso tudo resultando também na banalização da vida. Todo final de semana, na capital de São Paulo, ficamos sabendo de inúmeras chacinas, e a sociedade, indiferente, não toma conhecimento, pouco se faz em relação a isso e predomina, por fim, o sentimento de uma certa banalização da vida.

Aqui quero lembrar um escritor que é muito caro também, eu sei, ao Dr. Belisário, o Eduardo Galeano, escritor uruguaio que mostra um pouco as contradições do nosso mundo presente. Ele usa a expressão "mundo ao avesso". É como se nossa realidade estivesse de pernas para o ar. As coisas estão invertidas. É tanta injustiça, tanta desigualdade, é o mundo ao avesso. Fala Galeano:

"A publicidade manda consumir e a economia proíbe. As ordens de consumo, obrigatórias para todos, mas impossíveis para a maioria, são convites ao delito. Sobre as contradições do nosso tempo, as páginas policiais dos jornais ensinam mais do que as páginas de informação política e econômica. Este mundo que oferece o banquete a todos e fecha a porta no nariz de tantos é, ao mesmo tempo, igualador e desigual. Igualador nas ideias e nos costumes que impõe, mas ao mesmo tempo é desigual nas oportunidades que proporciona".

Vivemos sob uma certa cultura do egoísmo, em que se valoriza o individualismo, a falta de solidariedade; as pessoas são treinadas para se preocupar apenas consigo próprias, com seu eventual sucesso profissional, com a sua sobrevivência, muitas vezes, numa disputa de todos contra todos. Há uma ausência de compromisso com a coletividade. A valorização excessiva do ter, da posse material, em detrimento do ser, dos valores, do caráter, da moral, da pessoa, um mundo materialista em que as pessoas são instigadas a consumir. O consumismo é que domina as relações na sociedade. As pessoas são o que elas podem consumir, o que elas podem acumular, e isso tudo também acarretando um quadro de alienação em relação aos verdadeiros problemas.

Percebemos, muitas vezes, os telejornais, as revistas, os jornais, a imprensa escrita, tratando de questões periféricas, pitorescas, ocupando um grande espaço, a mente das pessoas e, de outro lado, uma falta de discussão, uma falta de enfrentamento, de debates dos verdadeiros problemas que vivemos. E aqui também cabe lembrar Galeano: "O mundo ao avesso nos ensina a padecer a realidade ao invés de escutá-la, e a aceitar o futuro ao invés de imaginá-lo. Assim pratica o crime, assim o recomenda. Em sua escola, escola do mundo ao avesso, escola do crime, são obrigatórias as aulas de impotência, amnésia e resignação. Mas está visto que não há desgraça sem graça, nem cara que não tenha sua coroa, nem desalento que não busque seu alento".

Precisamos buscar a transformação, ter consciência disso e buscar transformar usando a metodologia do ver, julgar e agir. Precisamos ver a realidade para ter condições de julgá-la, valendo-nos dos princípios, dos valores que nos são caros, para depois termos condições de agir. De forma que a alteração dessa situação é um imperativo ético, cada um deve fazer o que estiver ao seu alcance para que esse quadro aos poucos se altere.

Daí então a razão de falarmos de cidadania, cidadania que, como palavra, aparece inicialmente, remonta à democracia grega, em que era chamado cidadão aquele habitante da cidade-estado. Atenas era um exemplo de democracia – em princípio, eis a ideia que nos foi passada nos bancos escolares, no sentido de que na Grécia todos se reuniam na ágora, discutiam os problemas e tomavam as decisões. Mas, na prática, nós avaliamos que, mesmo na sua gênese, a participação já era imperfeita e a cidadania não era um atributo de todos, mas só de alguns. Naquela época, os povos conquistados eram escravizados, não tinham direito de participar, de decidir, de ter voz, nem voto. Nessas assembleias, as mulheres também não participavam, somente os homens a partir de uma certa idade, de um certo acúmulo de riquezas, de bens, é que podiam participar. Percebemos que, mesmo no seu nascimento, já há imperfeição, que nos chama ao desafio da transformação.

Em sentido estrito, cidadania aparece vinculada como sinônimo de nacionalidade; cidadão de tal país é aquele que nasce, que tem o vínculo com determinado país. Vou adquirir a cidadania italiana porque meus antepassados são italianos. Essa é uma ideia estreita, técnica, de cidadania.

Na verdade, hoje, um conceito atual, mais amplo, é cidadania como um conjunto de atributos, direitos e deveres da pessoa em sua vida em sociedade. Essa é uma concepção mais larga, mais atualizada, conjunto de atributos, direitos e deveres da pessoa na vida em sociedade. O professor Celso Lafer, hoje ministro das Relações Exteriores, também classifica cidadania como o direito a ter direitos. Seria algo elementar da pessoa na vida em sociedade. O direito a ter seu conjunto de direitos.

O termo cidadania também é utilizado como sinônimo de sociedade organizada e participativa, em substituição à palavra povo.

Cabe ao Estado o reconhecimento, a defesa e a promoção desses direitos de todos. O Estado deve ser o grande guardião, o promotor da cidadania. E aí é preciso sempre ter em mente que o ordenamento jurídico parte da Constituição. Se tivermos a ideia de uma pirâmide, a Constituição está no topo. Hoje, então, a Constituição tem 250 artigos. Alguns foram acrescentados por emendas constitucionais. Já no artigo 1º da nossa Constituição, aparecem os fundamentos, o que dá base à nossa organização social e política. O primeiro fundamento é a soberania; o segundo é a cidadania, da qual estamos tratando mais detidamente; o terceiro é a dignidade da pessoa humana; o quarto fundamento, os valores sociais, do trabalho e da livre iniciativa; e o quinto fundamento, o pluralismo político. São os fundamentos relacionados por nossa Constituição, e percebemos a importância dada à cidadania como segundo fundamento democrático.

A ideia que permeia toda a Constituição é uma ideia essencial da Democracia: Todo poder emana do povo; o que significa que os governantes são servidores do povo, estão ali para representar o povo, para agir em seu benefício, no final das contas.

A Constituição estabelece também os objetivos dessa organização toda que temos e que está vigente em nosso país. Aí percebemos o quanto esses objetivos podem estar distantes da realidade, ou seja, o quanto ainda temos por transformar, por fazer. O primeiro objetivo é construir uma sociedade livre, justa e solidária. Garantir o desenvolvimento nacional. Erradicar a pobreza e a marginalização e reduzir as desigualdades sociais e regionais. Promover o bem de todos, sem preconceitos de origem, raça, sexo, cor, idade e quaisquer outras formas de discriminação. Ou seja, esses objetivos não são parte decorativa da Constituição, são objetivos que devem estar permeando todas as políticas públicas, toda a forma de ação do Estado e da sociedade deve estar voltada para esse quadro do que é o ideal para a nossa República, para o nosso país. Esse conjunto de escopos que se pretende um dia atingir.

Temos, então, a ideia de direitos humanos como o conjunto dos direitos civis, dos direitos políticos, sociais, econômicos, culturais e ambientais. A ideia de que a expressão Direitos Humanos congrega esse conjunto de direitos que são de todos. São todos os direitos e os direitos de todos.

O artigo 5º da Constituição estabelece direitos e deveres de uma forma geral, o direito à vida, à liberdade, igualdade, segurança e propriedade. Aqui destaquei que a Constituição tem uma preocupação com o direito à propriedade, que é algo muito caro às organizações políticas e sociais contemporâneas, de forma que ela estabelece claramente que é garantido o direito de propriedade, mas em seguida já se fala: a propriedade atenderá sua função social, ou seja, não é meramente o direito de propriedade, mas o direito de propriedade enquanto cumpridor da sua função social, e no primeiro momento que aparece, então, essa questão no artigo 5º e depois isso tudo se repete no artigo 170, nos princípios gerais da atividade econômica, em que aparece a soberania nacional e depois propriedade privada como princípio geral da atividade econômica, e em seguida a propriedade privada, a função social da propriedade. De forma que sempre que aparece a questão da propriedade, imediatamente está ligada à garantia desse direito o cumprimento do seu papel social, da sua função social.

E aí podemos também pensar na cidadania em algumas dimensões.

Dentro dessa visão alargada que devemos ter e que norteia a atuação da Secretaria da Justiça e da Defesa da Cidadania, a dimensão ética da cidadania deve revelar então uma preocupação com o outro, esse sentido de coletividade, de que cada um não está sozinho, que pode fazer alguma coisa pelo outro e que também depende do outro em muitos sentidos, essa é a dimensão ética da ideia de cidadania.

A dimensão política, quando falamos em cidadania, nos remete à ideia de democracia e aí não uma democracia simplesmente de podermos votar e eventualmente sermos candidatos, sermos votados, mas uma democracia real, uma democracia política em que as pessoas possam efetivamente participar. Uma democracia racial, em que todos sejam reconhecidos como iguais. Uma democracia social em que todos possam usufruir o que a natureza e a organização social disponibilizam. A ideia da democracia, a participação e a preocupação também com o interesse público, como dimensões políticas da ideia de cidadania.

Uma dimensão jurídica de cidadania seria o exercício dos direitos humanos, pois não basta que esses direitos fundamentais de toda pessoa humana sejam reconhecidos, mas o importante é que todos possam exercitar esses direitos, que eles tenham plenitude. E, é claro, há um valor que se associa também à cidadania na sua dimensão jurídica, que é a realização da Justiça.

Dimensão econômica da cidadania, podemos pensar em termos de repartição da riqueza, a qual não deve se concentrar, para não haver tanta disparidade. Então, há essa dimensão da repartição da riqueza.

A dimensão cultural diz respeito à diferença. O que se quer não é aniquilar a diferença, pelo contrário, a valorização da diferença, mas sem com isso gerar a discriminação nem preconceito, respeitando então a diferença.

E a dimensão social, o valor da convivência, é conviver, não é viver sozinho, é compartilhar a vida com todos. São essas as dimensões que poderíamos imaginar a partir de um conceito atual, ampliado de cidadania.

Cidadania como diretriz para políticas públicas – o que implica isso?

Implica termos a cidadania como princípio, como algo que pode servir de diretriz para as políticas públicas. Temos então que a cidadania pode representar, nessa perspectiva de dar o norte para as políticas públicas, para a ação do Estado, para a ação da sociedade, como a busca da inclusão social, a superação dessas desigualdades apontadas. Traduz-se também cidadania como diretriz para políticas públicas na prioridade aos segmentos mais vulneráveis, e aí, é claro, a atuação do Itesp, diretamente com os segmentos mais vulneráveis, aquelas pessoas que estão desprovidas de um meio de produção essencial, não têm acesso à terra, as comunidades remanescentes de quilombos, as comunidades tradicionais. O Itesp lida diretamente com esses segmentos mais vulneráveis e isso deve ser prioridade sempre que se tem a cidadania como diretriz para as políticas públicas.

Também o estímulo à participação dessas pessoas que se beneficiem das ações, participação do conjunto da sociedade que, através de representantes, de associações, pode então opinar, participar, e nesse sentido de estímulo à participação, sempre que falamos desse ponto lembramos do ex-governador Franco Montoro, que criou os Conselhos de Cidadania no Estado de São Paulo. O Conselho de Desenvolvimento e de Participação da Comunidade Negra, o Conselho da Condição Feminina, o Conselho das Pessoas Portadoras de Deficiências, os vários conselhos que servem de espaço para que a sociedade civil e os representantes governamentais sentem juntos, dividam a mesma mesa e possam então tratar do equacionamento dos problemas que são comuns a todos, estimulando a participação.

Cidadania como diretriz implica também o aprofundamento da democracia.

Como já mencionei, a importância de não vivermos apenas numa democracia de fachada, em que sejamos chamados apenas para escolher nossos representantes, a cada quatro anos, dois anos, mas que de fato seja uma democracia em que as pessoas se sintam iguais, participantes, dividindo os problemas, os benefícios também da vida em comunidade. Cidadania que se traduz, afinal, em construção da igualdade, avançando permanentemente em busca da justiça social.

A Secretaria da Justiça e da Defesa da Cidadania deve sempre se nortear por essa orientação, de ter a cidadania como diretriz para suas políticas públicas. Temos o Itesp; o Procon e o Ipem, com a defesa do consumidor; o Imesc, com as perícias e investigações de paternidade; o Instituto Paulista da Qualidade – IPQ, qualidade no serviço público; a Junta Comercial, com os registros do comércio, das empresas. Essa é a estrutura tradicional da Secretaria; os novos programas que foram criados, de atendimento às vítimas da violência – o Cravi, de proteção às testemunhas – o Provita, e o CIC – Centro de Integração da Cidadania, levando a Justiça para perto da população.

Sabemos que esse conjunto de diretrizes, de princípios, não pode ficar simplesmente no plano das intenções, ele deve se traduzir no dia a dia das instituições, dos órgãos, e quer nos parecer que a Secretaria tem procurado avançar nesse sentido. Também ligados à Secretaria existem dois Conselhos, o Conselho Estadual de Entorpecentes, que procura prevenir o uso indevido de drogas, e o Conselho de Defesa da Pessoa Humana, para a defesa e a promoção dos direitos humanos. São dois conselhos de participação, de representação da sociedade civil, em conjunto com representantes do governo para tratar de questões de interesse coletivo, que a Secretaria abriga e dá suporte administrativo.

Outras áreas de atuação são a de defesa do usuário do serviço público, ações de educação e direitos humanos, o reconhecimento de utilidade pública de entidades, questão de designação de juízes de casamentos, construção de fóruns, é um conjunto de áreas em que a Secretaria da Justiça procura atuar e no qual o Itesp se insere com especial destaque e singularidade. É importante termos essa visão do conjunto, que procura através da missão estipulada sintetizar o compromisso e a busca de seus objetivos. É nossa missão: Reduzir a distância entre o Estado e a cidadania, combatendo privilégios e diminuindo a exclusão.

Esse é o quadro geral, permeado, norteado por essa concepção nova de cidadania, no qual o Itesp tem papel vital a desenvolver.

Gostaria, por fim, de compartilhar algumas propostas de um filósofo, padre Lebrét, em seu livro *Princípios para a Ação*. São dicas para nossa atuação concreta, para que essa preocupação com a ideia de cidadania não fique no plano abstrato, mas se traduza num cotidiano de efetividade que beneficie a todos.

Diz Lebrét: "A regra fundamental consiste em a gente considerar-se um zé-ninguém a serviço de uma grande obra. Aceitar os encargos difíceis. Considerar como normais a dificuldade, a luta. Inquietar-se quando tudo parece fácil. Aproveitar-se dos fracassos. Manter-se otimista. Construir em vez de falar". Propõe Lebrét: "Princípios da Revolução Permanente: Estamos decididos a transformar a sociedade pela nossa transformação e pela transformação dos agrupamentos humanos nos quais militamos, portanto queremos: 1) Poder dizer não a muita coisa da sociedade contemporânea e 2) Contribuir de maneira coordenada e eficaz para a construção de um mundo humano e cristão. Assim a nossa revolução será permanente e ascendente". Sempre na busca por justiça, em defesa da cidadania.

❖

Matielo. Temos duas questões formuladas por escrito ao Dr. Ungaro.

A primeira pergunta traz o seguinte: Onde está, no seu entendimento, a maior distância entre o governo e necessidades do povo e como combatê-las?

Ungaro – *A questão da distância, eu não diria somente entre eventualmente setores de um governo, um governo federal, um governo estadual, um governo municipal e as necessidades do povo, da maioria da população, mas muitas vezes temos que enfrentar a distância que existe entre o Estado, entre o Poder Público e as necessidades reais da população. Seria fácil dizer: Na Secretaria da Justiça, nós tentamos sempre, como é o nosso compromisso, expresso em nossa missão, diminuir essa distância entre o Estado e a cidadania, aproximando então aquele que presta serviço, o servidor, do usuário desse serviço, interagindo, criando ouvidorias, normas para bem atender ao usuário, criando conselhos em que essa interação de representantes do governo com representantes da sociedade se conjuga. Para além disso, temos que avaliar também que muitas vezes a estrutura do Estado foi concebida de uma forma a ficar distante da população, muitas vezes, os cargos de cúpula do governo são apropriados somente por integrantes da elite da sociedade, são pessoas que muitas vezes desconhecem a realidade da maioria da população, isso é um problema, e também a nossa realidade em que, por exemplo, numa área próxima da nossa atuação, o Poder Judiciário, a Justiça brasileira muitas vezes fica também distante da população, então, é uma faceta do Estado que, até pela formação jurídica, acaba confundindo a necessária imparcialidade do juiz, aquele imperativo de que o juiz não deve se imiscuir entre as partes, que ele não deve tomar partido de ninguém que esteja ali no conflito, confundindo esse imperativo da imparcialidade com o distanciamento. Quer dizer, o juiz não precisa estar distante para poder julgar com isenção. Em várias áreas, eu posso dizer que muita coisa está sendo feita para quebrar essas barreiras. Mencionei as ouvidorias, a preocupação com o usuário do serviço, no sistema de defesa dos usuários, a representação dos usuários em comissões que discutam a qualidade no serviço público, o controle adequado dos serviços, a informação ao usuário e também, nesse âmbito da Justiça, a novidade do Centro de Integração da Cidadania, o CIC, que leva o juiz para perto da comunidade. Já são quatro CICs na Capital, um em cada região – Norte, Sul, Leste e Oeste –, e nesses espaços, nos quais a comunidade pode se reunir no próprio prédio onde fica o juiz, onde fica o promotor, onde fica o delegado de polícia, onde fica o assistente social, onde fica o técnico do Procon, nesse mesmo espaço, a comunidade tem o seu salão para suas reuniões, pode usar uma copa no final de semana para fazer os seus lanches, sanitários à disposição, um espaço vivo da comunidade junto com esses representantes do Poder Público. Então, algumas novidades nesse sentido da aproximação felizmente vêm acontecendo, tirando o Estado, o Poder Público, dessa situação distante, e com isso ligando aos reais interesses da população e que isso se possa traduzir em ações em benefício de todos.*

A outra pergunta: Gostaria de saber se a Secretaria da Justiça e o Itesp farão alguma coisa para que não seja construída a barragem do Vale do Ribeira, pois ela inundará algumas comunidades quilombolas. O que vale mais, resgatar a cultura e a cidadania daquele povo ou a tecnologia?

Ungaro – *Claro que não podemos ceder a bravatas: Não vamos todos fazer um movimento e sair gritando contra a barragem. Acredito que a simples bravata não resolve, claro, a tecnologia tem que estar a serviço da cultura e da cidadania, uma coisa não pode suplantar a outra. A tecnologia deve estar a serviço do ser humano, não pode solapar a vida dessas pessoas, dessas comunidades tradicionais, mas penso que essa discussão pode ser desdobrada no Grupo de Trabalho de Quilombos, no qual estou iniciando a participação também, então eu proponho que na próxima reunião do Grupo tratemos dessa questão da barragem para avaliarmos como está. Não tenho conhecimento específico de como está esse projeto, como está prevista essa construção, o impacto dela, as etapas do processo. Proponho então que no Grupo de Trabalho que trata dos Quilombos dentro da Fundação Itesp e reunindo outras áreas de governo e a própria representação da Secretaria, que estou assumindo, possamos desdobrar, com consequência, essa discussão muito importante. A partir dessa diretriz, sim, de que a tecnologia, a geração de energia, e outras formas de inovação tecnológica devem estar sempre a serviço do ser humano, a serviço da cidadania.*

Ivan, Diretoria Desenvolvimento/ Itesp – A pergunta é dirigida ao Dr. Gustavo e ao Dr. Belisário que apresentaram a questão da ética e da cidadania e de como proceder, nosso comportamento, nosso procedimento. Agora, a pergunta é a que todos nós fazemos a todo momento no nosso dia a dia ao elemento que faz parte desse cotidiano que é a economia. As decisões que afetam a nossa economia e que estão ligadas diretamente à conquista da cidadania, à questão do grau de pobreza, da exclusão e também ao princípio da ética. E aí a pergunta se dá assim: As grandes corporações, o nosso tão falado mundo globalizado – e tenho meu questionamento sobre esse mundo globalizado, a diversidade deve permanecer para termos conquistas – e também a ingerência ou a decisão sobre as questões da economia do País, em que nos deparamos que no pagamento do serviço da dívida, o recurso que está destinado ao ano, se fizermos nossa continha pelo nosso orçamento, com o pagamento dos serviços da dívida externa, dos juros, nós conseguiríamos atender a toda nossa população de famílias que estão à espera de terras aqui no Estado de São Paulo e, avançando um pouco mais, até do Brasil. Como é que vamos enfrentar isso? Como é que se dá essa luta? Não deve ser um fator de desânimo, mas de desafio para que possamos aplicar esse princípio. Como é que esse fator da economia se dá nessa relação que vocês colocaram?

UNGARO – O Ivan tocou numa questão muito importante que é, talvez, hoje, o ponto de contato da injustiça mundial que á a questão da dívida externa dos países pobres, dos países em desenvolvimento. Presenciamos hoje uma mobilização, uma tomada de consciência, o que já é um caminho, quer dizer, a tomada de consciência dessa situação que vem acontecendo aos poucos pelo mundo afora e que é o primeiro passo para que tenhamos a condição de avaliar essa situação. É um tema árido, a questão da dívida, o serviço da dívida, os juros, a amortização, muitas vezes tive a oportunidade de ler algumas manifestações que apontam que a dívida externa do Brasil já foi paga. Se for feito um cálculo apurado, com juros razoáveis, correção devida, já teria sido paga, então, inicialmente, são temas áridos, mas que, como o Ivan apontou também, subjugam populações, submetem todo um conjunto de políticas públicas a essa lógica. A prioridade passa a ser de repente poder saldar esses débitos internacionalmente assumidos em detrimento de possíveis reforços de políticas fundamentais para o conjunto da população. É uma questão que motivou inclusive, agora na virada do milênio, um movimento pelo perdão dessas dívidas para que os países pobres tivessem perdoadas suas dívidas pelos países ricos e isso não aconteceu em grande escala. Alguns pequenos países pobres tiveram suas dívidas perdoadas e algumas vezes até por outros países não ricos. Houve algum resultado disso que não foi significativo. Mas de fato é uma questão muito importante, sabemos também que cada vez mais o mundo está interdependente, interligado, os fluxos de capitais e ao mesmo tempo a necessidade dos países de contar com investimentos de fora para produzir algum crescimento econômico. É uma questão complicada, mas o primeiro passo é a tomada de consciência, condições de afastar um pouco a aridez, tentar ter clareza e a partir daí ir construindo essa rede que parte da cidadania, do conjunto das pessoas que vai gerando a mobilização e criando condições de mudança, de eventualmente uma grande mudança – como eu tinha esperança que pudesse acontecer no tocante ao perdão da dívida dos países pobres, a partir do envolvimento do Vaticano, de alguns países pedindo para que acontecesse isso, mas não houve uma grande movimentação de perdão que, na verdade, poderia nem ser o perdão mas simplesmente o reconhecimento de que essas dívidas já foram pagas e que esses países estão livres desse garrote para poder crescer, investir nas suas políticas sociais.

JULHO 2001

ALUNO QUILOMBOLA NO VALE DO RIBEIRA

ima-
gens

assentamentos implantados_

TRABALHADORES RURAIS
RECEBEM SEUS LOTES NOS NOVOS
ASSENTAMENTOS IMPLANTADOS

ASSENTAMENTO DE SANTO EXPEDITO, EM TEODORO SAMPAIO

A COMUNIDADE DO STA TEREZA AGRADECE
A PRESENÇA DO SECRETÁRIO DA JUSTIÇA
E O DIRETOR EXECUTIVO DA FUND. ITESP

IMAGENS DO ASSENTAMENTO SANTA TEREZA, NO DIA DA IMPLANTAÇÃO, EM EUCLIDES DA CUNHA PAULISTA

ASSENTAMENTO ASA BRANCA, MIRANTE DE PARAPANEMA
NA PÁGINA SEGUINTE: LUÍS ANTÔNIO G. MARREY
ENTREGA TÍTULO DE PROPRIEDADE

10 anos
TRABALHANDO PARA O POVO DO CAMPO
Fundação Instituto de Terras do Estado de São Paulo "José Gomes da Silva"
Acesso à terra
Regularização fundiária
Promoção do desenvolvimento
Fortalecimento da cidadania
ITESP

TRABALHADORES DO ASSENTAMENTO SÃO CAMILO, EM TEODORO SAMPAIO, COM SEUS TERMOS DE PERMISSÃO DE USO

INAUGURAÇÃO DA PRIMEIRA UNIDADE DO ACESSA SP EM UM ASSENTAMENTO RURAL, COM A PRESENÇA DO SECRETÁRIO DE GESTÃO PÚBLICA, SIDNEY BERALDO

NA PÁGINA SEGUINTE: PROGRAMA ACESSA SÃO PAULO NO ASSENTAMENTO HAROLDINA

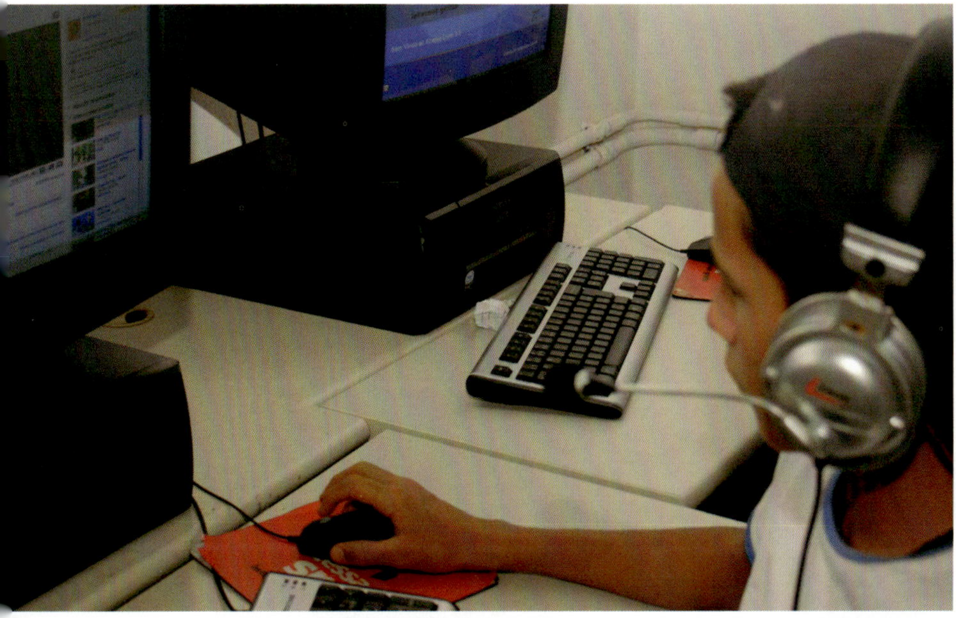

quilombolas_

VISTA PANORÂMICA DA COMUNIDADE QUILOMBOLA DE IVAPORUNDUVA, À BEIRA DO RIO RIBEIRA

GOVERNADOR JOSÉ SERRA ENTREGA O RECCONHECIMENTO OFICIAL DA COMUNIDADE QUILOMBOLA DE RIBEIRÃO GRANDE/TERRA SECA, EM BARRA DO TURVO

ANÚNCIO DO CURSO TÉCNICO DE AGROECOLOGIA PARA COMUNIDADES QUILOMBOLAS DO VALE DO RIBEIRA, COM A PRESENÇA DO SECRETÁRIO DE DESENVOLVIMENTO, GERALDO ALCKMIN

ALUNOS QUILOMBOLAS NA ESCOLA ESTADUAL
MARIA ANTONIA CHULES PRINCESA, EM ELDORADO

COMUNIDADE QUILOMBOLA DA PRAIA GRANDE

Biblioteca da Imprensa Oficial do Estado de São Paulo

Terras paulistas: justiça e cidadania / Gustavo Ungaro - São Paulo : Imprensa Oficial do Estado de São Paulo, 2011.
132 p.

Coletânea de artigos sobre direitos humanos aplicados às políticas agrárias e fundiárias.
ISBN 978-85-7060-978-6

1. Política agrária – São Paulo (Estado) 2. Posse da terra – São Paulo (Estado) 3. Direitos humanos – Políticas públicas I. Ungaro, Gustavo

CDD 338.1

Índice para catálogo sistemático:
1. São Paulo (Estado) : Política agrária 338.1

Nesta edição, respeitou-se o Novo Acordo Ortográfico da Língua Portuguesa.

Foi feito o depósito legal na Biblioteca Nacional
(Lei nº 10.994, de 14.12.2004)

Impresso no Brasil 2011

PROJETO GRÁFICO E CAPA
Guen Yokoyama

FOTOS
Dodora Teixeira

REVISÃO
Wilson Ryoji Imoto

Imprensa Oficial do Estado de São Paulo
Rua da Mooca 1921 Mooca
03103 902 São Paulo SP
sac 0800 0123 401
livros@imprensaoficial.com.br
www.imprensaoficial.com.br

Governo do Estado de São Paulo
GOVERNADOR
Geraldo Alckmin

SECRETÁRIO-CHEFE DA CASA CIVIL
Sidney Beraldo

Imprensa Oficial do Estado de São Paulo
DIRETOR-PRESIDENTE
Marcos Antonio Monteiro

Formato: 15,5 x 25,5 cm
Papel capa: duodesign 300 g/m^2
Papel miolo: chamois fine 80 g/m^2
e couche fosco 120g/m^2
páginas: 132
tiragem: 1.000